一步万里阔

Hilda Kean

宠物之死

"二战"阴霾下的
动物与人

【英】希尔达·基恩———著 艾欣———译

图书在版编目（CIP）数据

宠物之死："二战"阴霾下的动物与人 /（英）希尔达·基恩著；艾欣译. —北京：中国工人出版社，2023.4
书名原文：The Great Cat and Dog Massacre: The Real Story of World War Two's Unknown Tragedy
ISBN 978-7-5008-7858-2

Ⅰ.①宠… Ⅱ.①希… ②艾… Ⅲ.①第二次世界大战—历史—研究—英国 Ⅳ.①K561.46

中国国家版本馆CIP数据核字（2023）第046609号

著作权合同登记号：图字01-2021-0408
© 2017 by The University of Chicago. All rights reserved.

宠物之死："二战"阴霾下的动物与人

出版人	董　宽
责任编辑	邢　璐
责任校对	赵贵芬
责任印制	黄　丽
出版发行	中国工人出版社
地　　址	北京市东城区鼓楼外大街45号　邮编：100120
网　　址	http://www.wp-china.com
电　　话	（010）62005043（总编室）　（010）62005039（印制管理中心）
	（010）62001780（万川文化项目组）
发行热线	（010）82029051　62383056
经　　销	各地书店
印　　刷	三河市万龙印装有限公司
开　　本	880毫米×1230毫米　1/32
印　　张	8.25
字　　数	155千字
版　　次	2023年4月第1版　2023年4月第1次印刷
定　　价	68.00元

本书如有破损、缺页、装订错误，请与本社印制管理中心联系更换
版权所有　侵权必究

谨以此书献给西德尼·特里斯特、汤米·阿特金斯和阿尔伯特·契瓦利埃，以此缅怀他们的伦敦先辈

目 录

第1章　动物、历史学家和"人民战争"　….1
第2章　可预知的大屠杀纪事？　….33
第3章　9月大屠杀　….65
第4章　"虚假战争"　….95
第5章　战时饮食　….117
第6章　界限模糊：谁离不开谁？　….139
第7章　战时救援　….163
第8章　大后方的情感、价值、士气　….197
第9章　结论：变化与延续　….227

致谢　….241

参考文献　….245

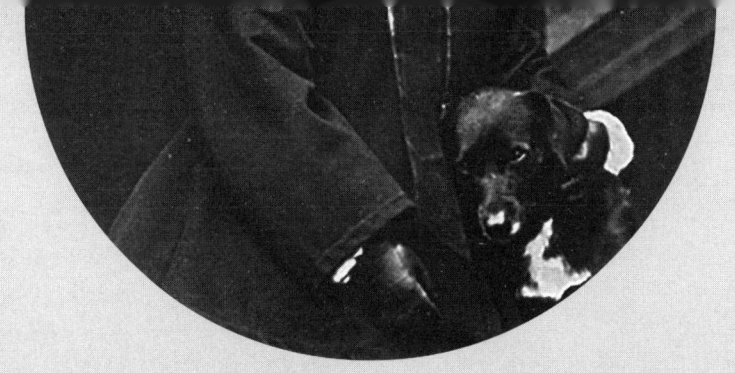

第 1 章

动物、历史学家和"人民战争"

对了,相当一部分英国人首先想到的
是他们的宠物。

第1章 动物、历史学家和"人民战争"

我从未想过写一本关于第二次世界大战的书。1950—1960年,我在伦敦度过童年时,我的父母和整个社会经常讨论这场战争,就连每周五晚我和父母外出观看的影片里描述的也是这场战争。伴随我们这代人成长的,是那些产生于"二战"的影像和故事。正如杰夫·埃利所言,战后出生的人也仍然饱受战争的影响,因为战争虽已结束,但记忆犹在。我仍然记得教堂抽彩出售一片香蕉的故事,因为战争时期物资匮乏,食物进口相当艰难。祖父曾拒绝前往后花园的安德森庇护所,次日凌晨醒来惊觉,床上堆满了玻璃碎片,竟是昨夜空袭炸裂了窗户;哈克尼街道满目疮痍,玻璃碎片随处可见,方圆数百米轰炸声不绝于耳,姑妈四处奔走,只想知道她的姐姐是否幸存。虽然我并未亲历战争,只听亲人们讲述过,但这也成为我童年的回忆。如今,虽然父母不像我那样对饮食挑三拣四,可他们也很排斥兔肉和菜豆,因为这会使他们想起战时的艰难困苦。我的家人,以及那些从未亲身经历过战争的后代,至今还会讲述往事。这场战争深深烙印在英国的民族记忆和文化中,电视台几乎每周都会播放"二战"主题的电视或广播节目,如备战主题的纪录片、34万名德军于1940年5月撤离敦刻尔克、丘吉尔担任首相至1945年、战后选举失败等。最近,市面上出现越来越多的参战老兵回忆录，但这些老兵的人数越来越少。战争题材的电视连续剧也广受欢迎，如《战地神探》，是以英国港口城市黑斯廷斯为背景的系列历史侦探剧；《老爸上战场》，这部幽默历史谍战片于1968年首播，并定期每周六晚播出，讲述了一群居住在英国小镇的老爷爷自发组建志愿军保家卫国的故事，剧情幽默滑稽、笑料不断……难怪我们自以为"了解"这场战争。

此类纪录片和电视剧的支持者，赞成塞拉和耶特曼在其经典讽刺小说《1066及之后的记忆》中所言，即人们通常认为"二战"是"正义之战"（Good War），即便数百万军人、平民百姓、罗姆人、辛提人和犹太人惨遭战火蹂躏。但战后人们重新定义"二战"为一场正义的反法西斯战争，而非单纯地反对德国军事扩张。与近期入侵中东和进犯阿富汗不同，这一次英国参战是非常正当的，无可厚非。值得注意的是，人们称1939—1945年的"二战"为"人民战争"（The People's War），因为大后方（Home Front）表现尤为突出，军民团结一致，同仇敌忾，坚决反抗纳粹德国。由于英国远离欧洲大陆，并未遭受德军入侵，也未向其投降，因此顽强地经受住了德国人的空袭。这一刻值得被历史铭记，它深刻诠释了国家利益高于一切的真理。不仅仇视移民的右翼极端分子，甚至深受新自由主义政治影响的绝望民众，都一致认为"二战"时期英国民族凝聚力空前高涨。为了找回"丢失的慰藉"，英国广播公司创建了"人民战

第1章 动物、历史学家和"人民战争"

争"网站,邀请讲故事的人;这些足以表明战争之于国家记忆和民族身份至关重要,战争幸存者也是人们唤起战争记忆的重要慰藉,所以人们害怕面对他们的离世。

曾拒绝躲进庇护所的大有人在,绝非祖父一人。他们躺在床上,毛毯上落满了玻璃碎片,以这种方式无声地对抗希特勒的残暴行径。英国当局为了提振士气,有意鼓励这种勇敢的行为。事实上,"1939年9月,德军闪击波兰,宣告绥靖政策失败"。1940年9月至1941年5月,德军发动闪电战,"人民战争"主要指这一时期。当时(以及后来)特别重要的是空袭的头几个月,伦敦人连续57个夜晚忍受轰炸。正如保罗·艾迪生在描述"不列颠之战"(1940—1941),即那场爆发于1940年夏天的空战时所写:"这场不列颠保卫战,是为了守卫康斯特布尔所作的乡村风景画、雷恩设计的教堂,为了保护查尔斯·狄更斯、塞缪尔·佩皮斯和威廉·莎士比亚等大文豪们笔下的伦敦城。"当时,为了动员全体民众保卫国土,伦敦城作为民族象征被用于政治宣传。人们也曾目睹圣保罗大教堂浓烟缭绕、火焰四起,象征着伦敦城乃至整个不列颠陷入水深火热的境地。尽管学术界对此予以严正批判,但"人民战争"的神话早已深入人心。

当然,每个民族都有其独特的历史,并希望得以铭记和传承。例如,亚萨·拉尔森、海宁·曼克尔或尤·奈斯博的斯堪的纳维亚犯罪小说,尤为关注"二战"时期的民族传说,在这

图 1.1　浓烟滚滚的圣保罗大教堂，约 1940 年（LHW/18/16，主教学院）。

场战争中，纳粹分子失道寡助，抵抗力量空前高涨。在英国，民众对于公众记忆的质疑不尽相同，但仍值得广泛关注。

我们这代人与我们的后代，自认为很"了解"这场战争，这已不足为奇。但几年前，在为《动物权利：1800 年以来的英国政治与社会》做调研时，我便不再这么想了。我无意间在安格斯·考尔德的代表作中看到了一种新说法，印象非常深刻。"战争爆发伊始，街上的腊肠犬还未被石头砸死；但随着房屋被摧毁，生灵涂炭，宠物惨遭屠杀；兽医的手术室外，满是'伤员'。""宠物浩劫"一说并非考尔德独创。E.S. 特纳在《虚假战争》一书中不仅分析了战争爆发后数月的局势,还谈论了1939年9月的"宠物浩劫"。他认为:"无论持何种立场,大多数屠杀都是可避免的。"后来我发现,"宠物浩劫"(holocaust of pets)或"大屠杀"(massacre)一词不是战后的建构,而是当代的描述。《牛津英语词典》详细解释了"holocaust"一词的不同内涵,指出直到1942年,"纳粹屠犹"的现代含义才开始使用。早期"holocaust"是指大规模祭祀或屠杀,而在战争爆发的第一周,即1939年9月,伦敦竟有40多万只宠物——猫和狗惨遭虐杀。或许该词还有其他解释,但它仍然表示"大批宰杀或大屠杀"或火灾引起的大毁灭。这次屠杀不同以往:政府、地方当局、兽医行业及动物慈善机构都反对这种"牺牲",即使在战争初期,地方政府也不曾要求民众对宠物实行安乐死。

"正义之战""人民战争"已成为英国的民族记忆,而如此大规模的动物残杀却被遗忘。动物从来不是战争时期学术报道的焦点,当下的畅销读物也更关注人类情感的分析,而非动物的实际行为分析。无论是宣传或视觉表现,非人类动物都是不可或缺的一员,但迄今为止,英国学术界及畅销书在描述战争时,都不曾认真分析它们的作用。更重要的是,作为与人类共存亡或因人类和人类的决定而存亡的生物,动物竟已退出人类历史舞台。对此,稍后我将给出一些充分的理由。尽管此次杀戮并不一定表现出人类的恐慌,但在战争前几天发生的事件简直令人发指，与人类所提倡的坚韧不拔精神背道而驰。专注于学术研究的历史学家们一致认为："没有证据表明在战争期间英国人神经质或精神错乱现象有任何显著增加。"这些被遗忘的历史确实证明了在危难时刻，人类拥有对宠物的绝对支配权。随着这一战争行为被"遗忘"，此后在战争中得以发展的动物和人类的关系也被遗忘；在这场战争中，行凶者和受害者的区别也变得模棱两可，众生共患难、相扶持。

然而，我想做的远不止在现有的"人民战争"记录中"增添"动物故事。此书试图将焦点从人类转移到动物身上，探讨不断变化的动物与人类的关系，但不是本着"全面"精神或21世纪的"包容"意识。相反，我认为意识到动物的存在和活动，以及人类如何参与其中，可能会颠覆我们对战争的有些懒惰的假设，甚至破坏先人在这场"正义之战"中的形象。与现实背道而驰的是，英国虽自我标榜为"热爱动物"的国家，但1939年9月所发生的残暴行径与我们喜欢讲述的故事形成鲜明对照。

战争期间英国动物的独特性及其隐喻表征

当然，在"二战"中，英国以外的国家也存在动物，并被记录下来。因此，《柏林的女人》的匿名作者提醒着我们，在德国，宠物也在躲避盟军的轰炸：

第 1 章 动物、历史学家和"人民战争"

> 硝烟四起,我从睡梦中惊醒。我的手在床沿晃来晃去,感觉被什么东西舔着,原来是福克赛尔——房东听话的斗牛犬。福克赛尔乖,不要害怕,屋里只有我们。

在美国记者威廉·夏伊勒的记述中,我们可以看到宠物和家畜的困境:

> 喂养丹麦 300 万头牛、300 万只猪和 2500 万只蛋鸡的进口饲料主要来自北美、南美,因战争原因,这些物资目前无法供应。因此丹麦必须大量屠宰牲畜,而这是丹麦的支柱产业之一。

我们或许可以想象一下:1940 年 6 月 14 日,德军耀武扬威地进入巴黎时,牛群被来自乡间的人类难民遗弃,苦苦哀号。

英国的情况则大不相同。"人民战争"概念的范围意味着我们正在研究一种"面向",这(仍然)是大众和文化记忆的重要组成部分。要了解当时英国动物的遭遇以及战争中动物与人类关系的本质,我们还需要"具象地"思考这些事件,因为它们发生在"人民战争"的另一个"面向"中。

和人类一样,动物也是这场战争的受害者,它们不仅遭受着与人类一样的痛苦,而且对其自身和人类同伴的身心都起着积极的安抚作用。然而,在讨论人类如何对待动物同伴时,尤其是在战争初期，意识到成千上万的民众将如何对待他们家庭中的动物成员时，我也质疑这场战争被冠以"正义"之称是否名副其实。菲利普·豪厄尔指出，在第一次世界大战期间，"狗一旦不再享有人类同伴的特权，便极容易受到伤害"。这一说法同样适用于"二战"中的动物处境，我将在后面的章节进一步说明。

战争来临前，英国人打着善待动物的旗号虐杀动物，而这一行径经常用来体现最残酷的法西斯主义。例如，路易斯·麦克尼斯在其诗作《秋日志》中便以不同的方式体现了这一思想。他回忆起在伦敦樱草山丢失狗的事件，并记录了一位出租车司机对聚集在卡车上的士兵发表的评论，"这让我感到恐慌"。之后狗被成功找回，警局恢复了往常的秩序：

> 我发现我的狗不见了，
> 认为"这是旧政权的终结"；
> 但警察在圣约翰伍德区找到了它，
> 将其从雨中带回。

后来，麦克尼斯以散文的形式表达了类似情感，即人类和动物大难临头之际的压迫感。在大英博物馆阅览室工作时，他常常观察室外的鸟儿。"大英博物馆的柱廊是一方安宁的净土，晌午时分，街区许多人纷至沓来，前往柱廊台阶上享用午饭，鸽子啄起地上的面包屑。此时，已有许多前来过冬避难的动物进入冬眠。"纵观整场战争，动物被视为忠诚、坚毅、文明的象征。英国对待动物伙伴的态度体现了同盟国事业的正义性，这与纳粹对待动物的态度持续形成对比。但是，乔纳森·伯特认为，人们一直将动物仅仅视为图标或形象，并置于历史之外，"这种角色纯粹是象征性的，它只反映了历史进程，并没有真正成为其中一员"。这些动物往往会被历史抹去，鲜少记录。

动物在战争故事中确实发挥了作用。人类将动物用于不同的用途，大到国家层面，小到家庭内部。毫无疑问，一只名叫俏美的狗虽然用爪印"签署"了一封给撤离至加拿大的一名儿童的信，但它不理解信的内容。另一只狗阿斯塔，定期给家里的小主人"写信"，说自己去了农村，远离闪电战，在那里它既安全又快乐。阿斯塔已经不在人世了，是小女孩的阿姨用打字机写了"阿斯塔的来信"。另外，英国报刊将小狗的形象设计得很特别，用以鼓舞士气。20世纪30年代末，美国记者威廉·夏伊勒定期在柏林报道时，目睹了德国人的战争行为。英国记者们8月底离开柏林时，菩提树大街的阿德隆酒店陷入一片冷清，夏伊勒顿感惋惜。就连这位阅历丰富的美国评论员也发现，宣战后，英国大使馆人员的谈话颇为怪异，"他们谈论着有关小狗的话题"。而英国记者则完全可以理解这种情感。

在宣战的周末，英国驻德国大使内维尔·亨德森（Neville Henderson）爵士被拍到带着他的宠物狗希普下船回家，这种矮脚长耳猎狗属于追踪犬，是在19世纪末奥地利南部培育的新型

图 1.2 内维尔·亨德森爵士任驻柏林大使时与宠物狗希普。

品种。只见一名随从将它紧紧抱在胸前,但出于宣传目的,英国媒体将希普报道成腊肠犬,表明英国人是一个成熟的民族,不再像"一战"期间那样,对待小狗像是对待德国人,怒火中烧,眼里满是敌意。事实上,人们并非真正关心这只狗的命运。按照当时的程序,希普被狗粮公司斯普拉特的一名员工带走后,在西哈克伍德隔离了大约六个月。1940 年 3 月,亨德森在接走希普时发现,这一经历对狗影响很大:"它不再活泼好动,对环境的适应力也急剧下降。"不久,希普便死于黄疸病,由此亨德森宣布:"九年多以来,希普早已融入了我的生活,与我密不可分；它一离去，我的生活也仿佛被抽空。它的位置无可替代，我很难想象往后没有希普的生活。"尽管希普对亨德森来说十分重要，但他的传记作者却将这种关系定义为"怪异研究"，于亨德森这类人而言，这种情感表现显然是不恰当的。希普在《每日镜报》中的形象与拜尔钦在前一天出版的《每日镜报》中的形象截然不同，拜尔钦是里宾特洛普在担任驻英国大使期间领养的宠物狗，德国使馆工作人员离开伦敦时抛弃了它。该报替拜尔钦打抱不平，便写文控诉其主人的残酷行为，"他的冷酷无情足以让我胆战心惊"。据《每日镜报》一篇报道所写，这些狗所受到的不同待遇深刻体现了战争爆发的原因，"这正是英国在对抗的东西，即纳粹主义深入骨髓的残暴，它是非正义的，无情地蹂躏人类，践踏宠物"。似乎是为了以实际方式证明这一区别，据说大约200人希望收留拜尔钦。人类是视觉动物，相比之下，猫狗的听觉和嗅觉更为灵敏。拜尔钦及其相关描述显然会激起人类的道德共鸣，但拜尔钦和希普不仅仅是象征，而且是实际存在的动物，因为饱受战争的摧残，它们无家可归。讽刺的是，这只被遗弃的德国狗很快被重新安置，接下来的数月，它会比被囚禁在检疫室里的希普过得更愉快。但是这些在战争初期被十分看重的狗，如今已被人类遗忘。正是因为它们的故事被归入了"人民战争"和英国的"孤军奋战"，在这些更广泛的现实故事中，人类才能成为主角。随着时间推移，它们作为非人类生物，破坏这种叙事的内在因素和潜在能力也在很大程度上被忽视了。

  为了进一步说明融入会如何导致遗忘，我们来说说一只名叫费思的猫，它先后住在圣奥古斯丁教堂、圣费思教堂和圣保罗大教堂对面。在1940年9月闪电战爆发的前几个晚上，烽火连天，硝烟四起，费思把自己的新生猫崽安置在倒塌的石墙缝中加以保护。幸运的是，它和它的猫崽幸存了下来。教堂里挂有一幅壁画，画中费思端坐着，双爪合拢，平静地放在胸前。配文写道："一声巨响下，屋顶和石墙炸裂了……而她依旧坦然自若，等待着救援。"就这样，猫的正襟危坐和"坚定不移"融入了人类战争故事中。面临危险和遭遇攻击时，活生生的猫，即便是刚出生的猫崽，也会寻觅藏身之处，自我保护。它们不一定在等待人类的援助，因为它们已经找到了藏身之处。正如国家空袭预防动物委员会在战争后期的报告中所说，得益于这种藏身方式，猫和狗的受伤情况没有预期的那么严重。费思早已是圣保罗大教堂本身（乃至当时的英国）形象的缩影——独立而坚毅。费思因为创造了奇迹而赢得人们的赞许，后来，费思去世了，只是变成一个象征或人类神话。它独特的动物特征也因此被抹杀，只化为一种形象，表明"动物和人类一样"，即使在战争中也是如此，它们只是模仿着我们的生存方式。但这场战争不仅仅包括动物的象征意义，也是动物作为生命体存在及它们与人类互动的框架。

第 1 章 动物、历史学家和"人民战争"

记录动物故事远比再现人类历史困难

有关动物与人类关系的历史记录并不多见,虽然一直以来军事和经济史学家都在关注动物,但战争相关的著作仍侧重于前线军事活动、演习和战略。在工业化经济史中,马早已成为热议话题。40多年前的一次重要就职演讲中,汤普森教授进一步阐述了马所做的苦功:"纵观历史,马无时无刻不在辛勤劳作,长此以往,马力自然而然成为衡量蒸汽机和内燃机的强度标准。"近来,麦克肖恩和塔尔将美国城市中的马描述为"四条腿的工人"。但也只是最近,动物才开始受到社会和文化历史的关注,从某种程度上来说,这种转向颇令人惊讶。例如,20世纪60年代和70年代,一项开创性的工作开启了,即通过强调那些被标准历史忽视或遗忘的行为,从历史角度审视新话题和人类。在《英国工人阶级的形成》一书中,汤普森试图"拯救"他的创作主题,使其免于遭受"后世后代的屈尊俯就"。同样,1973年问世的《被隐藏的历史:300年来女性的压迫和反压迫》史无前例,因为女性话题从未受到历史青睐,而希拉·罗波坦的论述使人们开始重新审视这一主题。(后来的作品受此影响,进一步探究女性的历史影响,这将挑战现有的历史观念结构和关注点,因为它不只是简单地将女性话题"写进"历史,而是承认她们的存在深刻改变了现有历史。也就是说,对后来的历史编纂过程研究影响深远。)

但在当时，动物作为相当严肃的历史研究对象，其有关作品并没有与阶级和性别相关书籍一同发展。正如动物研究专家艾丽卡·福吉所探讨的那样，1974年，《社会历史杂志》刊登了一篇讽刺性文章，题为"家庭宠物与城市异化"，以此批评当时的新主题：

> 认为宠物会成为社会历史关注的下一个新宠似乎有些草率，但研究过各种不同种族群体之后（现在在探讨女性话题），历史学家或许需要一个新主体。左撇子群体长期受到社会严重歧视，值得关注，但他们缺乏集体意识。为什么不关注宠物呢？显然，这段历史无人能说清。

尽管这无疑是一种讽刺，且说明作者对女性和少数民族充满了敌意，而不是仇视动物，人们已经充分意识到缺乏此类话题报道。甚至在这一讽刺性文章之后，关于宠物在家庭的构成或女性生活中的作用，鲜有相关学术讨论。例如，在英国王室家族构建过程中，动物发挥了积极作用。又如，尽管人们喜闻乐见的摄影集也清楚地表明了在19世纪和20世纪，狗作为人类的伙伴，对于英国和德国王室而言十分重要，却被无端忽视。20世纪初，《主人在哪里？》在短短几周内就销售了约10万册，据说这部鸿篇巨制是为了纪念恺撒而作——这只叫作恺撒的宠物狗与英王爱德华七世一同生活。后来爱德华七世去世，

第 1 章 动物、历史学家和"人民战争"

恺撒跟在国王葬礼车队的马匹后面。这一销售数据可能反映了英国人对狗的喜爱不亚于对皇室的兴趣:"我走在国王前面,我没有显赫的出身,没有高贵的血统,但是我爱他,对他忠诚。"正如皇室摄影集中的照片所示,狗不仅是王室摆拍的宠儿,而且在历代皇室家族的日常生活中同样占据重要地位。出乎意料的是,学术上对动物的研究竟然是空白的。难怪动物研究所学

图 1.3 维多利亚女王与宠物狗夏普在巴尔莫勒尔堡合影,1867 年(收藏于主教学院利比大厅)。

者伯特直言不讳地说道："迄今为止，20世纪的动物史研究并没有为我们提供可参考的资料。"伯特对动物研究所的一些工作方向感到失望，他强烈要求将动物从"人类的思想桎梏中解放出来"。除此之外，他还认为，"我们应该让动物成为历史主角，登上历史舞台中心"。我们在哈丽特·里特沃或凯萨琳·凯特的作品中已经看到了这种焦点转移，这对于创造"整体历史"具有重大影响，其中，"动物亮相历史舞台，也是一种文化反思的方式"。然而，这并不等同于将"已知历史"和传统的历史话题，如战争，全都与"动物"挂钩。

无可厚非的是，动物在社会中发挥着重要作用，这值得深入研究，但动物研究界的一些学者表示，他们压根不会考虑专门为动物书写历史。卡利·沃尔夫尤其对此不屑一顾：

> 我们再回到历史学家的例子，即使你对某一学科与其大环境的外部关系持有后人文主义看法，但是因为你重视非人类主体的存在，以及由此产生的反应，迫使这一学科对其环境的变化强加在非人类动物身上，你的内在信仰或许仍然是人文主义，贯穿始终。

换言之，历史学科的结构推翻了历史学家以历史焦点的方式描写动物的意图。这往往忽略了动物以往生活的现存材料，也忽略了历史是一个不断发展的研究领域，在回忆和想象过去的过程中包含了其他"学科"的诸多方面。

当然，过去20年发展的诸多动物相关的历史研究，总是优先考虑动物生活的"独特"方面，如活体解剖或动物园，因为以往并没有注意这类话题。然而迄今为止，从动物角度重新审视"人文主义叙事"的研究倾向并不显著。认为动物的存在会破坏和挑战传统的历史观，这种想法仍然很新奇。例如，在标准的英国社会史中，人们通常认为1911年颁布的《保险法》拉开了建设现代福利国家的序幕，1945年英国工党实现了这一目标，向社会提供一定数额的养老金和福利。

这也是该法案首次设立医学研究委员会，这一机构得到了政府的认可，在默默支持着动物研究。如果采取这种方式，它将会打乱原本进展顺利的人文主义叙事研究。1948年，国家卫生服务局进一步完善了福利制度，但正如一些动物保护者当时所反抗的那样，政府如今竟已"批准"活体解剖这种"残忍且不道德的做法"。对这项至关重要的社会立法提出异议，很可能可以证明动物在福利政策中的重要性，但更重要的是，它也可能挑战人们对国家卫生服务局的积极看法，以及误以为动物与人类的本质关系是非良性的。

关注动物研究的历史学家面临之难题

编纂任何历史书籍都需要史实材料，经过作者的分析，再

图1.4 宠物狗恺撒参加爱德华七世的葬礼（收藏于主教学院利比大厅）。

向读者展示。到目前为止，那些从事动物和人类关系研究的历史研究者往往更关注历史材料的本质，而不是质疑历史学家的身份和责任。例如，多罗西·布兰茨曾写过关于使用人类书写材料的问题："书写动物历史要求我们恢复动物历史的生命力，因为所有动物相关的可用记录都是由人类创作的。因此，这样的历史是否具有代表性，是否还是新兴的动物重点研究领域，仍然争论不一。"在这里，布兰茨将过去（即发生在现在之前的事件）与历史书写（即对过去选定事实的地位进行记录或解释）相提并论。这种删减可能欠缺考虑，但很重要。创造历史的前提，是应该承认"过去"的存在，包括动物和人类。大多数或至少某些动物研究领域的工作者都相信，动物有过去的生活。过去的生活是否能成为"历史性"生活，并不取决于主体本身，无论是人类还是动物，而是取决于那些记录他们的人，这些人随后选择构建历史，这是一个重要区别。即使是最保守的历史学家，也会承认动物在历史事件中的重要性。无论人们把历史看成一种建构还是重建，所有历史学家都是历史创造的核心。将"过去"与"历史"混为一谈，只会导致缺乏明确性。这意味着，经验主义方法不可避免地促使材料或所谓的来源作为历史创造过程中唯一有价值的组成部分；此外，它还否定了不同国家、社群和个人，以及不同时代、不同地区的历史学家为当前不同历史创造的方式。前面提到的汤普森或希拉·罗波坦等社会历史学家，他们的作品大多是工人女性和男性的政治参与，他们并没有因为缺乏主题史料而放弃；相反，这些社会史学家们很清楚自己在撰写新历史中的作用。现在，一个非常勇敢或愚蠢的历史学家试图像罗波坦那样，仅在不到 200 页的篇幅里写下 300 年的女性历史。这样做不仅记录方法不可信，也不符合自然规律，因为一旦历史学家下定决心撰写，他将找寻大量关于女性生活的历史资料。尽管假定资料缺乏，但汤普森和罗波坦各行其道，开创了阶级和性别史学家的先河，大胆发挥了其主体行为作用。

战时出版物：动物的历史材料和现存材料

艾蒂安·本森表示："人类撰写的文本仍然可以为过去提供有价值的见解，而这些见解无法还原为人类的观点。"关于战争的同时代材料仍然存在，人们可从中挖掘出动物的痕迹。一些材料难免被专门用于"人类"对战争的神圣化叙述中，但即使在当时的一些"公共"叙述中，战争也不仅是人类故事，动物并没有与战争事件分离，没有从情感事件中转移；相反，它们是战争叙事中不可或缺的部分。因此，一些官方报道承认动物在整个战争期间都存在。1942年出版的《1940—1941年前线：英国民防的故事》最具说服力。例如，它提到伦敦东印度公司码头的一名消防员观察到的情况：

> 偶尔我们抬头，会看到一个奇怪的景象：一群鸽子几乎整晚都在头顶上空盘旋，它们似乎迷失了方向，仿佛无法理解这反常的黎明。我们周围看起来如同日出，强光照射下的鸽子，显得异常白亮。和平之鸟与下面的景象形成了奇怪的对比。

为记录当地政府在战争时期的作用而编写的官方报道中也提到了动物。伦敦东部斯蒂芬市市长弗兰克·卢伊高度评价了国家防空保护动物委员会的作用，该机构是为"预防和减轻动

物痛苦"而成立的官方机构。事实上,军警部因为拯救动物而获得了认可,正如卢伊所说的那样:

> 国家防空保护动物委员会很少受到关注,未遭受侵袭的大多数人并不知道该机构,但其成员精神可嘉,他们穿梭在火海中、废墟中,只为找寻一只受到惊吓的狗,或是仓皇逃窜的猫,这与帮助有理性的人类一样,需要很大的勇气。

在另一份准官方文件中,乔治·维尔描述了1940年10月一枚炸弹对黑尔沼泽大东部马厩的影响。这里的马服务于铁路公司,该公司位于附近的利物浦街终点站。许多马匹或葬身于最初的轰炸,或因坠落的碎片而严重伤亡,这在当时引起了轩然大波,就连国民军也"明确"指出了动物所处的困境。在1945年6月的一份告别书中,波普勒首席典狱长回忆道:"一夜之间,生灵涂炭,其中最令人心生怜悯的还是流浪狗和流浪猫的处境……眼前一片荒芜,只有看到有人存活下来,才会感觉万幸。"消防部人员和狗都接受过专业训练,战争期间他们会例行搜查被炸毁的房屋,在寻找其他人和动物的生命迹象时,被拍了下来。

战时的新闻都重点报道了动物。所有主流报纸,包括《泰晤士报》《每日电讯报》《每日镜报》《世界新闻报》,以及当地报纸,如《东伦敦广告报》《每日回声报》,都报道了1939年9

月的宠物浩劫。如伦敦和惠普斯奈德动物园里的动物，或是当地救援受困的动物等，都有相关的报道。正如《霍恩西日报》报道的一个典型事件："一群人正在安慰一位老太太，坚定地告诉她'它不会有事的'。果真如此，这时一名救援人员走出废墟，怀里抱着那只猫，只见它虚弱地用爪子抓着救援者。"

意料之中的是，兽医会做有关动物伤亡情况的书面记录；出乎意料的是，公务员们也开始关注动物。国家档案馆里有许多文件，专门记录了公务员关于战时动物的备忘录，包括饲养和喂食小狗，动物与人类一起撤离，动物在农场受伤，战时被内阁用作"灭鼠器"的猫（名叫俊波）。英国广播电视台也讨论了战争前期和战争结束后动物们的遭遇，记录稿仍保存至今。当然，并不是因为缺乏已出版的"原始"材料，才导致没有相关的战时动物历史记录，更有可能的是，这类材料可能会促进故事发展。

无论出版与否，个人日记和私人信件中都有动物的身影，记录了它们的日常生活及其在人类家庭中的作用。事实上，一些作家决定在战争期间写日记，只是因为他们觉得记录这些重大事件很重要。一位工程师在1939年9月15日写道："我不知道写日记的好习惯能保持多久，但是，尝试一下也无妨，我会试着坚持下去。"他确实做到了。另一位战时日记的作者名叫格瓦迪斯·考克斯，她是一位中年女性，与丈夫和她的花斑猫鲍勃一起住在西汉普斯特德。战争爆发时，这只猫只有七个月大，

第1章 动物、历史学家和"人民战争"

眼睛是蜜黄色的；考克斯把写日记当作她为战争所作的一份贡献，即便住房被摧毁，她依然执着地坚持这个习惯，"我写了这本战争日记，这比听起来更困难"。考克斯敏锐地观察到动物与人类的关系无处不在，她的家中、豪宅街区等，从中可以找到动物相关的生活资料。虽然当时的观察结果通过人类的渠道得以传播，但也有动物的参与以及它们在世界上的存在。例如，1940年10月发生了一起看似微不足道的事件：燃烧弹烧毁了考克斯和鲍勃所居住的豪宅楼顶。于是，他们都去邻居家住了。人类的生活就这样被搅和得乱七八糟，而鲍勃的生活也难逃此劫，只是方式不同罢了。考克斯把鲍勃带到外面，"希望它能在花园里嬉戏，但是它并没有！因为之前从未见过花园，更别说在泥土中行走。眼前的陌生环境使它感到紧张，所以一回到餐厅，它就蹲在细绒地毯上。幸运的是，玛丽喜欢猫，而斯奈普斯夫人是个盲人，我们把地拖干净了，也就没人会发现"。我并不是说鲍勃的如厕习惯有助于改写"二战"历史，但正如文化理论家沃尔特·本杰明所说："一个在叙事时不分主次的编年史家是按以下真理行事的：任何曾经发生的事情都不应被视为历史损失。"这一观点看似无关紧要，却表明战争确实扰乱了动物的生活。考克斯记录这类事件，意味着可以为那些希望从新角度重新审视战争的人提供资料。

考克斯的日记并非独一无二，许多日记描述的动物都是有名字的宠物，此外，还记录了它们在战争期间的不同行为。犯罪学家兼作家弗莱尼维德·坦尼森·杰西收集并出版了战时早期致美国朋友的信件，信中记录了新来的两只小猫。公寓里，老鼠泛滥成灾，因此杰西决定收养一只流浪猫，给皇家防止虐待动物协会打电话。不幸的是，那只名叫莫夫的小猫刚来不久就逃走了；但幸运的是，大约两周后，小猫莫夫被弗莱尼维德家中一名女佣发现了。在逃离期间，莫夫发生了一点意外，后腿受了重伤，导致它抓不到老鼠。"于是，莫夫成了一只尊贵且快乐的猫，而我们还得四处寻找对付老鼠的办法。"因此，一只名叫珀金的小猫来了。杰西描述了这两只猫的亲密关系：它们用同一个盘子吃饭，一起睡觉，每天黏在一起。人们吃甜点时，会把小猫珀金放在桌子上，并把盘子里的坚果扔到地板上让莫夫玩儿（因为它跳不到桌子上）。这些活生生的动物承载了杰西的太多情感，后续还会提到。这些故事看似很平常，但蕴含着很多意义，将动物写进了更广为人知的战争叙事中。这也开始表明，动物以其特定的方式经历了战争，同样受到战争的影响。一位日记作者写道：自己曾参加过一个关于防毒面具的讲座，他在讲座中注意到，科登小姐的狗"瑟瑟发抖"，人们也"都冻僵了"。有些深刻思想会挑战我们的战争观念，我们不一定要接受，但要自我提醒：动物和人类共享空间、共渡难关，我们在哪里，它们也在哪里。

有时，动物的踪迹会融入更广泛的战争叙事中。在寄给撤离到加拿大的贝丽尔·迈亚特的信上，有一个猫爪印。但贝丽尔并没有收到过这封信，因为她在著名的被鱼雷击中的贝拿勒斯号上失踪了。很快，这一针对儿童的行为得以广泛传播，还进一步导致了英国人不再向北美撤离。同样，一只宠物金丝雀也融入了所谓敌方拘禁的更广泛的战争叙事中。这只金丝雀经常被带到当地的一家宠物店，由意大利老板阿扎里奥先生给它修剪指甲，但它需要用新的指甲刀。科林·佩里的青少年日记中记录道，一家宠物店的老板死于阿兰多拉之星邮轮上："就在几周前，我哥哥艾伦带着金丝雀去找他剪指甲，我们从他那里买了金丝雀碗里要用的杂草。"阿扎里奥在伦敦图汀生活了42年，但战争一开始，他"即刻被带上警车……一位在上图汀路开宠物店的老人突然被抓走，在大西洋丢了性命，这简直令人难以置信。我仿佛还能看见他在照料那些宠物"。显然，并非所有描述动物的日记都已出版。即使出版了，动物很少出现在随后的分析中，更不会出现在索引中。尽管奈拉·拉斯特为社会组织"大众观察"撰写的日记自1981年出版以来受到了广泛关注，甚至被改编成影视剧，但人们对那只名叫墨菲的小猫和叫索尔的小狗依旧不理不睬，尽管它们已经出现在出版物的醒目条目中。从对日常生活方方面面的细致观察中，"大众观察"为后来的读者提供了有价值的信息；当然，它也限制了日记作者的条目内容，试图创造"我们自己的人类学"。由于日记中对动物的分析更是寥寥，人类日常生活的组成部分也被忽视了。

回忆和孩子们的家庭故事

然而，动物与人的关系往往会留在记忆中，并在家庭中流传好多年。如果被问及，人们通常会先问问他们的长辈，继而引出战争时期家中动物的故事。在采访完自己的母亲后，克莱尔向我们解释了会"写信"的小狗阿斯塔是如何走进母亲的生活并融入她的家庭的：

战争期间，我的外祖父在圣保罗观看比赛。一天清晨，他从伦敦东区的俱乐部街回家的途中，被一名衣衫褴褛的狗贩叫住。外祖父说他只有一张十先令的纸币，但他很同情那个人和那只狗，所以就把狗带回了家。外祖母见状，面露难色，她要照顾三个子女、年迈多病的母亲和一只猫。最终，外祖母的善良促使她同意收养这只小狗——一只硬毛威尔士猎犬，并给它取名阿斯塔，与威廉·鲍威尔和米娜·洛伊主演影片中的狗同名。

当英国广播公司创建"战争记忆"网站时，宠物们自然地出现在公众视野中。战争爆发时，约翰·希利年仅11岁，他讲述了一个很典型的故事——关于猫咪查姆在战争中所扮演的角色。约翰的女儿将其叙述记录了下来。女儿的猫"那一年第无数次"去看兽医，这让约翰想起了之前从未记录的童年回忆：

查姆一生中只去看过两次兽医。

这段特定的战争时期和特定年龄层也是探讨动物与人类关系的考虑因素,因为许多受访者的年龄,战争的时间框架确实会对他们的童年产生影响。动物是童年,也是战时童年的一部分,其中不乏幽默的回忆,比如那只名叫希特勒的猫咪,它的鼻子下面有一块黑色斑点:

> 另外,这是唯一一只白天被允许进入起居室的猫。下午我从学校回来时,总是发现它睡在奶奶的椅子下。我想奶奶应该很喜欢它,因为她经常问道:"它想喝牛奶吗?"当叔叔耐心地教它拿到食物时举起右爪、模仿纳粹头目希特勒敬礼,奶奶总是笑得前仰后合。

这种经历在后来的关系中影响很大,一位出生于1935年的受访者回忆道:

> 1940年圣诞节,我当时六岁,父亲送给我一本《可爱宠物图册》,我至今还留着呢。书中有各种动物:小狗、猫咪、虎皮鹦鹉、老鼠、兔子、小羊、小猪、母鸡、小驴、幼马,还有伦敦动物园宠物角的一只猴子……我的童年因为有动物的陪伴而变得更加丰富有趣。

如果 18 岁到 21 岁的日子常常被铭记，因为那是一个人政治和情感生活成熟的生命岁月，那么也许 5 岁到 15 岁可以被看作容易与宠物建立感情联结的时光。自由民主党政治家雪莉·威廉姆斯在她的自传中描述道，1944 年，她还是个青少年时，对母亲维拉·布里坦"心怀怨恨"，因为母亲害死了她的小狗。遭遇空袭时，小狗因为受到惊吓而不停地尖叫，母亲并不关心狗的情绪状态。"通常情况下，我的母亲都很理智，然而她确信它可能会抽搐并咬伤小玛丽安。我苦苦哀求母亲，还是无济于事。最后，这只受惊吓的小狗被施以安乐死，我对疏散到美国的事情产生了从未有过的怨恨。"她难以忘怀这段童年记忆，即使没有写下来或说出来，直到研究人员开始询问，便又一次涌上心头。

这本书首先探讨了 1939 年 9 月的猫狗大屠杀，然后研究了动物和人类之间的关系，这是在全面战争期间的共同经历。据理查德·奥维的巨著《轰炸战》分析，"二战"是一场全面的战争，在这场战争中，"所有公民都可以发挥作用，社会鼓励这样的观点：战士身份属于公民战士新理想的一部分"。全面战争要求全面重组国民经济，而且必须将国民纳入国家行动。正如金和安德鲁斯所提醒的那样，实行衣食定量配给，明显将战争范围延伸至家庭。他们认为，尤其对女性而言，给人以温馨和身份认同的家庭活动遇到了问题。虽然阶级差异并没有消除，但所有人在工作和家庭生活中都受到越来越多的管制：某些食物的供应限制、窗户遮光限制、旅行限制……失业率下降，平均收入增长超过物价上涨；实行男女征兵制。1945—1953年，大都会警察局局长哈罗德·斯科特爵士宣称："战争期间越来越多的法律遭受挑战，导致犯罪率上升。"实际上，全面战争无疑意味着不计其数的死亡：战争持续了六年，英国的空袭造成大约60595名百姓死亡，86182人重伤。死亡的不仅仅是人类，在战争爆发的第一周，大约40万只猫和狗被杀死，凶手并不是"敌军"，而是它们的主人。

撰写动物史和动物与人类的关系并不是一件简单的事，任何严谨的研究者都会面临许多矛盾的说法和不同的解释。社会组织"大众观察"的创始人汤姆·哈里森意识到动物在战争中的作用，他断言"猫在闪电战记忆中扮演着举足轻重的角色"，并在20世纪70年代表示，"另外，相当一部分英国人首先想到的是他们的宠物金丝雀……"尽管哈里森想要记住动物在战争中的重要性，但他知道许多读者并不会这样认为。它们只是配角，只是在战争主题叙事中"顺便提一句"。当谈论到动物时，人们所熟悉的"人民战争"背后的故事就会遭受质疑，因为动物事实上也是历史舞台的主角。与所有战争一样，"二战"是一个断裂时期，积极或消极地表现在不断变化的动物—人类关系中。正如本章所述，有些材料可以帮助创造新历史。战争是非常特殊的时刻，在英国从未以同样的方式重演过。

无风不起浪，决定发动战争也是有原因的。在1939年之前，人们已经看到了战时动物与人类之间特殊关系的迹象。下一章将讨论20世纪前期动物与人类的关系，以此探索大屠杀的背景及是否可以预见。

第 2 章

可预知的大屠杀纪事？

把它带到屋里……让它和你熟悉起来；每当你带着它外出时，你会惊讶于它带来的快乐。

"一战"时人类记忆中的动物

20世纪30年代的人们与21世纪的后人在许多方面都不尽相同，与他们一起生活的宠物也是如此。哈丽雅特·里特沃在撰写19世纪动物与人的关系时，非常重视阶级和性别。因此，她认为，猫可能会受到那些"默默支持动物自主权的"人群的青睐。的确，如果说19世纪发起的动物保护运动的部分原因是为了"保护动物免受下层阶级的掠夺"，那么，在20世纪，动物慈善机构则面向越来越多的群体，也会照料那些曾遭受社会批判的平民的宠物。由英国皇家防止虐待动物协会、国家兽医药房动物之家等组织经营的城市诊所的发展表明，越来越多的百姓领养宠物并且愿意为它们寻求兽医护理。虽然动物—人类关系会因阶级和性别的不同存在差异，但在20世纪20年代和30年代，某些动物和人类生活在同一屋檐下，有利于跨越这一界限。

当然，动物和人类的关系之所以出现危机，并不是因为爆发了第二次世界大战。最近，虽然影片中动物在"一战"中的存在终于获得了人们的认可，尤其是马、骡和驴，但人们还是不太关注宠物。尽管"二战"的幸存者可能还记得几十年前发生的事，但动物的寿命要短得多，它们不可能记得。1939年夏天幸存下来的猫咪、小狗、兔子或金丝雀不可能经历20年前的"一战"，"9月大屠杀"（September Holocaust）历史悲剧与幸存动物的战时行为本身毫不相关。如果之前的战争与动物在"二战"时的行为有所关联，那是人类的经历及20世纪20年代和30年代家庭中动物—人类关系的总体状况所致。

关于1914—1918年战争期间人类对待动物的方式，每个人的回忆都不同。或许有人记得当某些议员对所有宠物发泄不满时的议会氛围。菲利普·马格努斯爵士是活体解剖的推动者，他曾提倡禁止在市区养狗（但未成功），因为狗既消耗食物，又

图 2.1 1920年代伦敦东区的国家兽医药房移动诊所（收藏于主教学院利比大厅）。

破坏伦敦的人行道环境。他宣称,"不受欢迎的动物可以完全禁止",他说的是流浪狗和杂交狗,不包括已登记注册的品种。埃塞克斯郡都切尔姆斯福德的保守党议员欧内斯特·普雷蒂曼也很反感宠物进入市区,他表示:"宠物狗的用处千差万别,因为其中不乏毫无价值的狗,所以限制它们进入市区当然是可取的。"因此,一直支持犬舍俱乐部进行犬只区分的优生论重新抬头。当时,战争使得狂犬病流行,弄得人心惶惶,政府借此机会证明宠物狗确实会对城市居住环境造成严重危害,所以要对杂交狗、来路不明的狗和"无用的"狗实行必要管制。除了将狗划分为纯种或杂交之外,政府还试图在"实用"和"情感"方面进一步区分,从某种程度来说,这属于阶级和性别歧视。也就是说,人们认为犬类与人类的关系将决定政府如何对待它们。因此,人们认为养土狗省事省力且有利可图。在这种情况下,国家羊群育种者协会呼吁政府对养狗征税,他们认为市区里有"许多无用的狗"在消耗人类的食物。即使是宠物豚鼠,几十年来一直被维多利亚时代的人们称赞是干净无害的动物,现在也成为人们饭桌上的菜肴,"作为各种炖菜的主菜,与蘑菇一起切碎,文火慢炖,味道极佳"。

其他人可能记得动物慈善机构的强烈反对,记得坚定的动物支持者反对议会镇压的任何企图,记得当时写给《泰晤士报》的书信,记得人们与宠物共患难。国家犬类保护联盟驳斥了政府对宠物狗的敌意,认为"那些憎恶狗的人不是出于爱国主义,也不是想要保障人类食物,而是出于私心,他们试图利用政府权威实行报复"。人们做了很多努力,用分配得来的食物喂养宠物。国家没有定量配给狗饼干,但 1917 年的小麦、黑麦和大米限制令限制了其营养成分。对一些狗来说,吃点凝固的血就可以当一顿饭了。其他狗会食用鱼的残渣及来自人们自家花园的胡萝卜、防风草和土豆。狗主人约翰·桑德曼解释道,除饼干外,他的狗只能靠吃人们丢弃的碎肉和皮为生,否则会成为下酒菜。"我觉得杀害它们是一种既残酷又不公正的行为,所有人都应当反抗。那些提出质疑的人自己并不养狗,他们因为无知而胡乱发声。"然而,尽管许多国会议员对狗怀有敌意,但从未建议或通过任何残杀宠物狗的行政指令。1918 年 5 月,英国财政大臣被迫在下议院声明:"政府并未像某些团体预测的那样,下令残杀宠物狗。"豪厄尔曾仔细分析道,这些运动险些酿成大祸,造成某些特定品种甚至整个狗界灭亡。

有些人对猫也满怀敌意,他们认为养猫是一笔不必要的花销。因此,《泰晤士报》严厉谴责了一家"猫坊",因为其收留了德国人遗弃在伦敦的动物,当时这些人或被拘留,或被迫逃离。其所付出的成本也受到了批判:"当每一分钱都要为帝国所用,就没有时间为猫大动干戈。"然而一些人认为猫是"行走的疾病活体";另一些人则认可猫可以防止啮齿动物偷吃储藏物,以及鸟类啄食田地里的种子。正如一位支持者所言,老鼠每年毁坏的食物价值 150 万英镑,而猫可以有效预防鼠疫。人

第 2 章　可预知的大屠杀纪事？

们关于猫的存在价值褒贬不一,《泰晤士报》由此引发了关于猫的价值和成本的热议。尽管面向全国1500万只猫征税很难落实，但并不排除这种可能性。其他人建议政府应设立一个灭鼠部门，如此一来，伤员可以监督猫，猫可以捕捉老鼠。相比之下，1916年兰贝斯猫展上的猫生活安逸，引起了人们的强烈反感，只见它们"舒适地躺在粉蓝色丝垫上……这些猫干净整洁、毛发光滑，其中还有几只肥硕无比"。为了转移人们对纯种动物舒适生活的批评，主办方把盈利捐给了服务于受伤军人的"星嘉德"机构。在兰贝斯宠物狗展上展出的狗，尽显奢华、整洁，与严冬季节挤在防空洞的人类形成了鲜明对比，"此后，关于人们去餐馆为宠物狗购买昂贵的菜肴之说，看来并非空穴来风"。

　　然而，许多个体和动物慈善机构都反对敌视猫狗行为，认为这是对"敌人"的屈服，这种说法在之后数十年仍然盛行，即将善待动物视为一种文明行为。一位日记作者在1917年4月这样写道，禁止养宠物都是一些胡话，他表示强烈谴责："难道因为与野蛮人搏斗，我们也要变成野蛮人？"英帝国主义事业的正义性似乎也要求人们善待宠物，这一主题将在"二战"中重现。尽管关于动物—人类关系的一些争论是在大战时期展开的，但在随后的几十年里，人类和动物的依存关系将得以确立。如果人类发生了变化，与之共存的动物也会改变。正如一位历史学家所说："我们的生活方式发生了巨大的变化：工业革命、城市化、全球化，所有这些或已经或正在影响动物的生活……

现在的宠物与 1800 年的宠物并不一样。"改变的不仅是关系，人类和动物之间共享（或不共享）空间的物理参数也会反作用于这种关系。

宠物与家庭空间

据《泰晤士报》1939 年报道，"20 世纪唯一的新家养宠物"是虎皮鹦鹉，"二战"时期，英国有三四百万只虎皮鹦鹉。兽医约翰·克拉比陆军准将估计，1939 年，仅伦敦就有大约 200 万只猫狗，5 万匹（头）马和牛，2.4 万只羊和猪。这些数字或许能表明人类和动物可以持续生活在同一空间，但不能说明关系类型或这种共生是如何发生的。

狗作为人类的伙伴已有数千年历史，但在 20 世纪 20 年代和 30 年代，狗的地位开始发生变化，可根据它们在房子内或房子外的住处判断。狗作为人类的伙伴，不同的动物慈善机构和犬科专家对它们的合适位置的看法不一。埃德温·理查森上校因在"一战"中训练各种狗而闻名，尤其专长训练艾尔谷梗犬，他的方法具有重要参考价值。他的著作《英国战犬：训练方法和心理学》总结了他和妻子训练犬类的方法。例如，理查森夫人表示，曾经有一只送去军犬学校的斗牛獒，"极其蛮横无理，让人束手无策"，四年来它一直戴着铐链。"她发现，这只斗牛獒的行为虽然野蛮凶狠，实则天性敏感且局促不安。它的性格受到心灵创伤和内心恐惧的影响,如果能帮助它重建信心,那它也不会如此凶狠。"她尝试慢慢地和斗牛獒进行身体接触,"她的手放在它棕色的大脑袋上,斗牛獒允许她抚摸自己光滑的耳朵",就这样,它的铐链被换成了绳子。值得注意的是,正如罗伯特·柯克近日讨论的那样:理查森认为,与动物打交道需要训练员具备特殊天赋,最好选择那些爱狗人士,这样才能与它们进行有效沟通。建立关系是关键,更重要的是,狗需要训练,驯养人同样需要。

犬舍俱乐部主席亚瑟·克罗克斯顿-史密斯在和平时期采用了类似方法,他对将狗拴在户外的做法提出严厉批评:"这种做法不仅可耻,而且残忍。狗为人类提供无偿服务,难道我们提供的报酬就是用短链把它们拴在木桶上吗?"和理查森夫人一样,他得出结论:"看到它变得郁郁寡欢、野蛮凶狠,惊讶吗?"更激进的是,与当时的规范相悖,克罗克斯顿-史密斯还严厉质疑狗应该住在哪里:"狗住在家里带来不便时,人们应该立即停止把它们当作玩物的行为。"即使它是一只像拉布拉多一样的"工作犬",通过改变狗的生活空间,动物—犬科关系也可能随之确立,"把它带到屋里,让它和你熟悉起来;每当你带着它外出时,你会惊讶于它带来的快乐"。也就是说,如果人类富有同情心,允许狗进入自己的空间,人和狗都将得到情感慰藉。针对反对在屋外为狗预留空间的观点,国家犬科保护联盟做出了相关回应,将狗重新

图 2.2 1930 年代英国皇家防止虐待动物协会的活动狗链（英国皇家防止虐待动物协会提供）。

定义为"生来追求自由的动物"，认为用链子拴住狗"不仅残忍，而且对狗的健康有害，往往会使性情温和的狗变得野蛮易怒"。尾巴战士俱乐部以"我来守护我的朋友"为口号招纳了约 40 万名宠物狗主人，该组织发行的小册子指出：狗或许是家庭吉祥物，这不仅仅是一种隐喻，而且是在重新描述狗和人类共处同一空间时，二者之间的相处方式——各取所需、互惠互利。

对于人类和其他动物的关系来说，家庭内外的指定空间也很重要。但人们很少会为猫指定位置，猫在家庭中的角色决定它们是否可以进入室内不同地方，但是猫并不期望像狗那样拥有自己的指定空间。这不仅显示出人类眼中的猫科动物具有独立性，也表明了猫科动物的警惕性，它们并不喜欢长期待在同一个地方。

育种与生存本质

不同种类宠物的育种意味着会培育出不同的生理和情感特征。人类的介入使动物符合当代人的需求。人类的选择特别影响了被繁殖的狗的类型和数量，而与个体动物的"配偶选择"无关。犬类宠物的体形通常不同于往日，关于过度喂养的话题，批评者表示，大丹犬变得"越来越壮硕，酷似驴子"。"一战"结束后，阿尔萨斯犬可谓香饽饽，甚至在犬舍俱乐部的犬种中一度名列前茅，"全是拜欧洲战场上的归国军人所赐"。更讽刺的是，为了在20世纪20年代"扩大"育种基地，人们从德国进口大量狗。"一战"期间，犬舍俱乐部中的腊肠犬（德国狗）登记数量出现了"悲剧式下跌"，很显然，腊肠犬不再那么受欢迎。与杂交狗不同，犬舍俱乐部里的狗由人类专门喂养，人类的态度也会对某些种类动物的生存和基因变化产生特殊影响。

人类在养猫的过程中也会刻意培育其外表和智力。正如理查森上校在 1929 年写的那样："那些受过良好教育的人，希望改善不同品种猫的质量，经他们培育后的猫都变得很聪明。"例如，暹罗猫是极其罕见的品种。1930 年 8 月，出版商迈克尔·约瑟夫专门选购了一只暹罗猫查尔斯，他还有一只玳瑁斑猫米娜。据他描述："如今（1943 年），暹罗猫在英国大部分地区都很有名，但在 1930 年，许多人还从未见过它。"因此，很早以前，有故事讲述了一名火车售票员将查尔斯误认为是只狨猴。然而，约瑟夫仍然认为有必要向战时读者详细描述暹罗猫的特征，比如"它的声音与普通猫的声音完全不同"。

宠物的饮食和医疗

与今天相比，当时的人类饮食和休闲活动受季节影响更大，动物的生存也是如此。据宠物狗用品公司的鲍勃·马丁所说，狗的血液会随着季节的变化而变化，夏天过热；在秋天，当狗为过冬生长毛发时，血液需要被净化。3 月多风，英国国家兽医药房建议"带狗外出锻炼时不要磨蹭，鼓励它走快点"。国家犬科保护联盟采取的方法比较温和："冬天一定要给狗准备热饭，虽然不挑食，但它还是喜欢室内的温暖……天气寒冷潮湿时，一定要让它进屋，它真的不喜欢躺在泥里，不喜欢待在雨中。"这显然是将动物拟人化,旨在改变人们对狗的行为,而不是一味地期望狗服从主人。因此,不强行拖拽狗并非怕伤害它(尽管事实上的确会),而是担心"别人误以为你在偷狗"。

虽然动物一直和人类同住,但它们的食物和人类的往往是有区别的。自19世纪中叶起,人们开始研制"非人类"食物。但是,无论何种等级的宠物,通常都会与人类同时进食,共享部分食物,就连维多利亚女王也习惯和她最喜爱的狗埃莱一起吃饭。因此,20世纪30年代,一只主要用于捕鼠的普通家猫查姆通常会吃人类的食物:

> 当时我们并没有给它购买任何特别的食物,我母亲过去常常会从我们的午餐中匀出一点肉和两种蔬菜给它。它可能偶尔会得到一些奇怪的食物,我们曾让出售猫狗食用肉的商贩来过……但我们从来没有买过他的商品,因为我们的猫吃烤牛肉和约克郡布丁。

这种做法不太常见,因为猫需要的食物在某种程度上取决于它特殊的猫科动物身份。只为表演而培育的猫需要特殊饮食,猫舍里的猫与家猫几乎分属不同物种。尽管这些猫被养在家里,但它们却扮演着特殊角色,"几乎每家每户都有一只猫,要么作为宠物,要么用来灭鼠"。与使用价值相关的是独立性概念:猫"通常可以自食其力"。除了残羹剩饭,街头小贩出售的生或熟马肉，猫全都来者不拒。这些马肉是猫狗的专属食物，小贩还会通过信箱投掷烤肉叉。

另一方面，人们从不奢望狗能照顾好自己，定期为它们准备各种内脏。据"大众观察"受访者回忆："灶台上的大锅沸腾个不停，煮的全是内脏，味道令人作呕。"20世纪20年代，每家肉铺都出售牛的内脏，人们称其为"咕噜咕噜"，即被宰杀的牛的消化道，并不适合人类食用。

1948年国家医疗服务体系建立的前几年，宠物和英国人都不是今天所讲的医学化动物。从19世纪和20世纪之交起，雪莉或马丁等公司的专利药物已经上市，但在20世纪早期，专业兽医对宠物疾病及其适当治疗方法的了解处于初级阶段。兽医弗雷德里克·霍巴特在肯辛顿中心地段开了一家小动物诊所，他的经验对卡姆登镇皇家兽医学院"贫民诊所"的发展具有重要参考价值——他将于20世纪30年代成为该学院的校长。一般来说，动物的生命很脆弱，即便是兽医也不一定能延长它们的生命。狗易患瘟热，这种疾病传染性极强，可能致命，"每年都有几十只狗难逃其魔爪"，主要是由一种影响消化道、呼吸道和神经系统的病毒引起。通常，狗一旦感染，几个月内便会丧命，纽芬兰的一只小狗布鲁斯便是死于瘟热。年过八旬的老人在回忆童年时，对布鲁斯的死亡场景仍感到历历在目，他表示"再一次受到沉重打击"。当时，这种流行病很常见，直到20世纪30年代，不论地位和品种，所有狗开始接种疫苗加以预防。

图2.3　1920年代出售猫狗食用肉的商贩与猫顾客（LHW5-29，主教学院）。

艾达·加尔斯沃西在描述一对夫妇的宠物狗时，写了六只"迷人又可爱的"小狗，它们的父母是英国老式牧羊犬比兹和乔伊，并以丈夫约翰戏剧中的人物命名：

> 它们健康快乐地度过了幼年时光，不幸的是，其中五只或暴毙于可怕的瘟热，或死于瘟热带来的后遗症——脑膜炎，仅剩费洛尔得以幸存。别看它个头矮小，体弱多病，但是很聪明。

虽然狗和猫并不是常规的兽医治疗或管理对象，但人们仍然期望与它多接触，以促进其身体健康。20 世纪 30 年代的一本宠物主人手册中写道："大多数人通常不知道如何照顾宠物，或医治宠物的疾病。"然而，市面上已经出售狗指甲钳和牙钳，这表明人们开始亲力亲为。当然，也希望宠物狗能接受人们的做法。

有些动物爱好者虽然未获专业认证，但他们的宠物知识水平并不一定比专业兽医低，这往往会对兽医职业造成威胁。一位兽医在访问英国国家兽医药房伦敦总部时发现，那里有 100 多只动物等待就诊，这种情况很不正常：

> 我看到的一位正在为动物镇痛的兽医是个"江湖郎中"，但在动物疾病研究方面，他的经验比我在皇家兽医学院学到的更多。他有 30 年照料小动物的经验，工作相当出色，他细心谨慎、技艺娴熟，远胜于我见过的许多兽医。

对于兽医行业来说，这是个问题。兽医和动物慈善机构，尤其是国家兽医药房，一直以来就雇用非专业从业人员的话题意见不一。

家庭也可提供基本的"治疗"。布莱克的小猫溺水后被家里人救治，然后家里人用钳子拔掉它的蛀牙，当然没有用麻醉剂。汉密尔顿·柯克是名经验丰富的兽医，1939 年，他介绍了自己的《犬科和猫科医生诊断索引（临床和放射学）》一书，就自己在工作培训时不够关心猫和狗发表了看法。他利用皇家兽医学院诊所的病例，而非自己私人诊所的病例，来研究小动物问题。柯克强调，猫不仅需要药物治疗，还需要"低声细语和轻柔的抚摸"，大麦茶、含葛粉的牛奶，或者阿司匹林对宠物猫可能也管用。这会进一步导致人类缺乏对猫的良性治疗方法及专业兽医知识：人类的同情心和类似的治疗方法几乎取代了临床诊断及药物治疗。当代治疗人类疾病的方式主要包括药水、药丸及自我诊断，人们由此更加重视"护理"。相比狗而言，兽医给猫诊断时更倾向于将其拟人化。因此，如果一只猫有任何感冒迹象，"应该立即让它待在阳光充足的房间里，不要太热，要舒适暖和。房间最好不要太大，但要通风，因为呼吸空气往往对它有益"。这种做法并不一定是猫想要的：在这里，猫被描述为一种敏感生物，不论何时都很脆弱，并且"几乎无法意识到人类所做的一切是为它们好"。与其说这是人类擅作主张，还不如说他们只是想提高猫的地位，因为猫常常受到轻视。这也证明了对"非专业人士"角色的理解在建立特定跨物种关系中的作用。

兽医对宠物疾病知之甚少，而且认为这些动物的价值不如牛和马，因为它们能帮忙干农活，是农村人的主要生活来源。所以，很多兽医不会定期上门治疗宠物。1938年，时任英国皇家兽医学院前院长弗雷德里克·霍巴特指出，狗、猫、金丝雀或鹦鹉在大都市里的地位开始发生变化，它们"具有很高的情感价值"，由私人兽医或动物慈善机构诊所进行治疗。因此，位于伦敦东部波普勒的皇家防止虐待动物协会诊所表示，在1937年第二年运营期间，该诊所对狗、猫、山羊、龟、鹦鹉、一只狨猴和一只鸭子进行过诊断治疗。据报告可知，与前一年相比，动物的死亡率更低。其1937年的地方年度报告对此也做了相关解释："人们越来越关心动物的健康状况，因为它们现在一有疾病迹象就被带到诊所来。"

战争期间的宠物、动物服务机构及动物自主权

不可避免的是，20世纪30年代战争期间，动物的重要作用和独立程度因个体而异，人类对此的反应也各不相同。因此，1934年的一本手册《鼓励善待猫咪》将猫描述为"生来独立的生物"，它"通常可以自食其力"。当然，这也可能影响人们喂养猫的方式和时间。但对于马来说，它不需要独立。佩伽索斯一生都在与马打交道，根据他的经验，骑马的"必要条件"是"平衡"，从古至今都是如此。马移动的速度和方向都可控，但骑马的人必须根据马的行为自我调整动作和重心。这要求人和马既要独立行动又要相互配合，所以，可能马儿特鲁姆普已经成功越过海德公园，而骑马的人劳伦斯·霍尔曼还需要学习怎么做："这次骑行很重要，它使我们更加了解彼此。"马儿的动作并没有错，人类需要学会应变。渐渐地，这种平衡的实现方式发生了变化,佩伽索斯如是说,人们可以通过喊叫或挥舞鞭子驾驭它,必要时不要用脚踢,"狠狠地给它两刀,它就会乖乖听话"。

在与人类相处时,狗会变得更难捉摸。别看白天它们四处游荡,好不自在,但它们饥肠辘辘时,还得回到人类身边。与人类一起出门时,它们通常会被牵着,束缚也就意味着行为限制,包括大小便。因此,尾巴战士俱乐部阐释了训练狗在水沟里排便的必要性:"不要让狗弄脏公共人行道,要训练它使用排水沟。"由于缺乏市场监管,所以人们一大早出门遛狗时,没给狗套牵引绳,导致它们肆意妄为,加剧了"市区卫生污染"。狗不能四处游荡,必须接受训练,这将确保狗的行为符合人类要求,比如按照指示躺下,而不是寒冬时节窝在火堆旁。当然,这也表明如果没有接受过类似训练,狗是做不到的。对狗怀有敌意的组织并不提倡人们合理管控它,尾巴战士俱乐部却很支持这种做法,该组织试图寻找特殊的养狗方式,为志同道合的爱狗人士创建活动场所。

人类对狗自主性的态度发生转变,意味着将狗视为忠诚的朋友。19世纪更是如此,当时人们允许狗独自在城市街道游荡,但它们仍然有意识地选择回家。其中最典型的当属格雷弗里尔·鲍比,它会每天在爱丁堡城区独自游荡,然后回到同一个地方,睡在主人的坟墓前。狗如此向往公共场所,因为它们可以自由穿梭,不受人类约束;也是因为"爱"和"顺从",它们又回到人类身边。20世纪30年代，法律规定人类是狗的主人，它们必须接受训练，比如戴项圈、缴税。如果猫象征着独立的自由精神，无须照顾，那么狗则恰恰相反。

动物间的关系

很显然，尽管人类不以为然，但狗和猫确实可以与其他动物及人类建立关系。早期，一位作家不屑一顾地写道："如果任由母猫发展，它要么会不停地繁殖，生出很多杂交猫；要么会四处游荡，带来陌生的猫，也许最终还会被偷走。"当时，绝育手术并不普遍，造成这种情况的因素很多，与动物机构或选择无关。1919年颁布的《动物麻醉法》中没有要求兽医对六个月以下的公猫进行阉割时使用全身麻醉，虽然有兽医宣称这种做法更加人道。事实上，直到20世纪60年代，这一法律才重新做出调整。母猫绝育手术程序更为复杂，其中要使用氯仿，兽医在使用时很难把控剂量，可能会出现出血、腹膜炎或休克等副作用。因此，即便是富人的猫也没有做绝育手术。

除了与人类关系密切，猫也会寻找自己的同类伙伴，对一些组织而言，这并不是个好兆头，只表明越来越多的人抛弃了他们的宠物猫。这样一来它们只会变成流浪猫，"主要靠吃垃圾"、鸽子或老鼠苟活于世：伦敦大部分地区的老鼠已经被猫赶到下水道了。在没有人类参与的情况下，伦敦卡姆登镇的流浪猫狗收容所里的猫彼此陪伴。离开了人类，它们仍以不同的方式生活着，或者如《动物画报》所说："流浪的动物生活在黑暗的角落里，不为人知；每年都有几十万只动物死于非命。"客观地说，这表明猫并不总是和人类群体生活在一起，同一城市的数千只猫几乎都生活在"动物场所"。有些图像具备拍摄价值，因为它们体现了猫科动物与人类的非"常规"关系，即与同类的关系。尽管有这种评论，但正如阿尔杰夫妇最近研究收容所的美国猫科动物时所做的分析，我们知道过去猫科动物的确是群居动物。与人类的孩子相比，幸存下来的动物后代很少与父母一起生活。从饲养员那里购买猫和狗之前，通常是看不到它们的，尽管动物福利机构并不鼓励这种做法。

1930年代的宠物之死

尽管动物慈善机构和兽医竭尽全力，就算宠物与人类家庭共度生命的最后时光，也无法避免被残忍杀害的可能。一个终生动物爱好者生动地回忆了如何处置那些年老的、被嫌弃的或多病的动物，他想起了被带到火葬场的猫狗：

> 我们就这么等着。只见猫被放进柜子里，然后一名司炉工打开煤气，透过玻璃顶一直盯着。狗被套上特殊的项圈，然后被逼到一块金属板上，再按下开关。这时便会传来通常

是在杂交动物或猫科动物犯错后发出的叫喊声,主人说道:"我的好孩子,下次再这样依旧重罚!"

他表示:"并不是说当时的行为多么残酷无情,但这就是事实。"动物的不端行为确实可以导致被判处死刑。20世纪30年代,威尔士牧羊犬斯普林的故事并不罕见。斯普林有着白棕色的斑纹,深棕色的眼睛,十分可爱。它没有被拴在屋外,而是住在厨房或花园里。它吃的是狗饼干,也会和人类共享午餐。但有一天,斯普林狠狠地咬了小男孩一口,"它的命运就此注定":

> 在它即将离开时,我们一起坐在车库里,眼里噙着泪抚摸着它的头。我责怪自己不该告诉母亲实情,但是事情已经发生,无法挽回。我原以为我们会一起生活三四年。

刚出生的"杂交"猫和狗通常会被杀死。"抓住它们的后腿,吊在墙上,可能与淹死一天大的孩子差不多。给母猫做绝育手术也是一种新方法,否则幼猫非常多。"就这样,猫咪布莱克的后代在1930年代消失了:"爷爷把它的孩子们淹死了。"有时,杀害行为也会出乎意料,毫无疑问,这起溺水事件便是意外:

> 我永远忘不了那天,父亲错误地估计了小猫和电熨斗之

间的绳长,不小心将小绒猫踢进了水盆。最糟糕的是,当父亲听到呜咽声后,立即给小猫做按压复苏,把它抱在怀里才发现,它已经不再挣扎。

尽管这种行为屡见不鲜,但真正发生后心情难免复杂。另一位爱猫人士最近解释道:"我记得当我们经过运河桥时,我祖母说,祖父曾在那儿淹死小猫。"这是"一条历史信息",它不仅仅是一段家族史,也是司空见惯的社会行为。

了解动物心理及其价值

理查森与动物打交道时会使用心理学语言,"一战"结束后,这种语言越来越广泛地运用于狗的"管理"中(与猫的相处之道的类似书籍中并未出现"管理"一词)。正如书中所说:"狗可能不具备推理能力,也不明白心理学家所使用术语的具体含义,但无论如何,我们必须承认它们忠心耿耿。"1939年,一部诙谐作品调侃道:"狗的世界没有心理分析,但随着时间的推移,狗界也会有'弗洛伊德'和'荣格'。"十年后,乔治五世的兽医弗雷德里克·考森斯在一本标准的宠物狗管理书中新增了心理学章节,并表示这是"第一次从心理学角度研究狗的性格和天性"。同时还指出,"不成为狗,我们就不可能完全理解它们的思维。"尽管如此,考森斯还是鼓励这种可能性,因为"常识足以让我们确信,犬类与人类的思想确有相似之处"。考森斯列举了狗的17种行为能力,例如记忆力、想象力和共情力……他认为狗和人类在这些方面是共通的。考森斯坚信狗与同伴之间的交流是通过它们自己的语言完成的。他如是说,狗常常比人更擅长交朋友,还说了一句格言:友谊的真谛在于成为朋友,而不是拥有朋友。这表明人类确实可能在不变成狗的前提下理解它们,这与近期关于这一话题的哲学辩论大相径庭,但它强调了建立动物—人类友好关系的重要性。尽管当时兽医的工作还没有涉及21世纪复杂的情绪状态分析,但也在发展中,并将在战争期间得到进一步强化。

战争中期,就像在今天一样,宠物被要求为人类服务。特别是在平民家庭,猫提供了"服务",会拥有住所作为回报,这种关系类似于主仆关系,显然人类掌握着支配权。如此看来,猫几乎是雇员,而非人类的掌上明珠:"除了餐桌上的残渣、一碟牛奶和一盆干净的冷水之外,家猫几乎不需要其他食物。"20世纪30年代,玛丽·布兰克博士开始从事兽医工作,她严厉地说道:"很多动物都只是'物品',它们的付出被认为是理所当然的。人类养猫是用来捕捉老鼠,但没有多少人把它们当作宠物。"20世纪30年代,她住在一家炸鱼店楼上,"家里总是会养一只或几只猫,以防老鼠"。回忆起童年时家养的猫,一位老人说道:"事实上,在我很小的时候,我就知道它们受雇于人,必须努力才能生存,没有时间向人类示好。"另一老人评论说,总有那么一只猫,

"与其说它是我们的宠物，不如说它是一种威慑，阻止老鼠靠近我们"。

然而还有一个截然不同的故事，讲述了 20 世纪 30 年代一个孩子带着自己的小猫和另一只小猫快乐玩耍的童年回忆，提醒我们并非所有的猫都过得很凄惨：

> 很开心，我们家的猫生了四只幼崽，最大的快乐莫过于它们都跳到我的腿上，安然入睡。我常常会给它们喂食，有时会用零用钱请它们吃三文鱼罐头；如果没有食物，我还会给它们做马米特三明治。

然而，人类绝非随心所欲地对待猫或狗，也需要通过手册了解它们。20 世纪初，许多手册专门讨论如何训练猫杀死老鼠，这与猫天生能捕鼠一说相悖。换言之，如果人们希望猫能捕鼠，就必须通过特殊的方式来实现。一些手册建议可以通过一天不喂食来刺激猫，而其他手册并不赞同，并驳斥道，极度饥饿"很可能迫使猫偷吃储藏架或餐桌上的食物"。或许人们可从中得出结论，有些猫会捕鼠，有些则不会（也许更重要的是，人们不一定知道这其实是因猫而异）。尽管通过训练猫确实可能会捕杀啮齿动物，但可能无法训练猫按照特定的路线行走。

1937 年，人们都认可皇家防止虐待动物协会主席罗伯特·高尔爵士提出的"国外对待动物的情况普遍改善"。1938年,该协会的年度报告指出,与去年相比,严重虐待动物的案例有所减少。报告指出,动物痛苦的主要原因是饥饿和长期被忽视,而不是愤怒、酗酒等引起的突然性的暴力。然而,"虐待"仍然是动物—人类关系中的永恒话题。各种动物慈善机构以不同的方式解决了其中一些被忽视的问题,包括尾巴战士俱乐部的成员资格,只要支付两先令,所有宠物狗主人都能加入该俱乐部,并会获得一本建议手册和一枚宠物狗身份徽章。猫咪保护联盟于1928年成立,"旨在普遍提高猫的地位",该组织强调,猫"有情绪,会痛苦,需要我们照顾"。很快,猫咪保护联盟效仿尾巴战士俱乐部,制定了自己的方案。继国家动物保护协会成立100多年和国家犬科保护联盟设立数十年以来,一个专为猫科动物服务的组织终于设立,这表明猫科动物的社会地位较低,而且缺乏法律关注和保护。

因此,我认为战前存在的动物—人类关系只属于那段时期,当时的动物主要包括猫和狗,而且猫的作用固定在捕鼠方面,狗的任务是陪人类散步。这一时期,各阶层男性、女性开始更关注宠物,人们似乎越发了解和同情它们。诚然,关于动物情感的研究并不成熟,但与狗相关的心理学参考资料表明了新的思维方式。重要的是,我认为"关系"一词理应用来描述新发展。

政府拖延和兽医游说

到目前为止，我一直关注家庭中的人类—动物关系。但我非常清楚，国家机构会在战争期间为人类和动物构建一个明确的框架。当然，几十年前就是这样。为保护动物引入新立法的各种尝试都没有成功。尽管公众大力支持，但免除狗活体解剖的举措始终未能实施。托马斯·格罗夫斯等议员代表西汉姆在伦敦东区工作了20多年，他们定期将每年对动物进行实验的数量公之于众。这些活体解剖的被试动物包括伦敦俱乐部街周日动物市场上卖不出去的狗，它们会被"随身携带匕首的面包车司机带走"。到1926年，有100万人（是今天在议会辩论议案所需人数的四倍）签署了一份国家犬科保护联盟发起的请愿书，旨在推动狗免遭活体解剖立法，更大的收获是改善了非宠物的福利。经过前三次的努力，1933年，法律规定，宰杀食用动物前，必须先将其打晕。为了改变人类对待动物的方式，人们做了大量宣传，终于，马戏团、牛仔竞技表演和音乐厅、表演型动物保护联盟帮助确保立法，限制英国的外来驯兽师人数，因为他们的训练方法残酷至极。

然而，在战争准备（或没准备好）的过程中，对宠物的社会地位和健康状况缺乏关注，却意义重大。一旦拉响空袭警报，轰鸣声震耳欲聋，人们必然会陷入极度恐慌，但政府计划的保护对象中并不包括猫狗等宠物，尤其不愿理会宠物的处境。原因之一是政府在"一战"中对待家畜的态度让人们惴惴不安。如前所述，议会当时讨论过除掉所有的狗（不是猫），但遭到了公众反对。警方也注意到这些动物在之前战争中的价值，被杀害前，流浪动物被收容领回的时间从七天缩短至三天。毫无疑问，警方希望在即将到来的战争中避免这一潜在问题。1939年3月，都市警察局局长决定不会优先考虑动物的处境："鉴于一旦发生空袭，警察必须履行诸多重要职责，因此他们不可能像平时那样关照流浪动物。"

当时宠物的社会地位极其低下，尤其是猫，所以战争期间政府在考虑家畜时的谨慎态度也受此影响。值得注意的是，猫咪保护联盟旨在提高猫的地位，让人们更好地了解它们的聪颖和敏感。原因之二是兽医职业的社会地位。这一行业缺乏足够的影响力，难以迫使政府及时采取保护行动，此前兽医也曾为此进行过游说。罗伯特·斯托迪上校是一位著名兽医，他曾在1936年西班牙内战期间代表皇家防止虐待动物协会前往西班牙执行任务。马德里没有猫和狗，人们也不会食用骡肉，这促使国家兽医协会代表全国兽医行业联合内政部，敦促皇家防止虐待动物协会建立战时保护动物组织。

在1939年9月宣战前的两年里，在没有政府援助的情况下，兽医行业和皇家防止虐待动物协会自发地为战时动物安危做准备，成立了一个由国家兽医协会和皇家陆军兽医队组成的委员会，就空袭状态下"如何保护家畜和宠物"相关问题为内

第 2 章 可预知的大屠杀纪事？

政大臣提供建议。该委员会并非动物慈善机构，当时，这些组织更可能处理好小型宠物的健康问题。为引起内政部的重视，国家兽医协会整理编写了相关文件，论述毒气攻击对动物的影响及对人类产生的潜在连锁反应，提出应该采取空袭措施以保护动物。因为担心政府迟迟不做回应，于是1939年4月，皇家防止虐待动物协会主持召开了一次会议，讨论城市马匹的实用空袭预防措施。参会代表包括国家兽医协会和马匹慈善机构在内的19个组织，会议的重点讨论主题是货物运输的马匹（不包括仅供休闲娱乐而饲养的马），以及马在空袭中惊慌失措可能给人类带来的后果，因为仅伦敦大约有4万匹马仍在工作。随后，汽油配给制开始实行，不再限制马匹运输，这将导致更多的马用于城市运输。正如兽医行业所评论的，"马正在卷土重来"。会议审议了毒气对马的影响及如何处理失控的马，但猫、狗及笼中鸟等宠物不在讨论范围内。

尽管会议结束后，人们还进行了游说，但直到1939年8月，国家空袭预防动物委员会附属机构才得以成立。该委员会由内政部英国掌玺大臣成立，"就战时影响动物的所有问题提供建议"。很显然，政府没有为该组织提供资金。没过多久，该组织内部出现冲突，宣告解散。1939年4月，都市警察局局长普林指挥官的言论似乎使得政府资金受到了影响：

人们很清楚动物协会的内讧政治，但大多数协会的秘书向我保证，他们迫切提供全部资源和服务，不收取任何国家经费。冒昧地告诉你们，他们多数人感到很受挫，因为他们几个月前向政府提出的建议，到目前为止，只获得勉强承认。

国家空袭预防动物委员会是一个独特的组织，由内政部职员戴尔担任主席，兽医行业组织代表担任重要职务。罗伯特·斯托迪上校任该委员会理事会首席执行官，沃尔·里奇教授任副执行官兼国家兽医协会名誉秘书。该委员会理事会其他相关成员包括国家兽医协会总裁哈利·斯蒂尔·博德（任国家空袭预防动物委员会的联络官），以及代表都市警察局的福斯特先生，还包括动物慈善组织代表，如巴特西狗之家、国家兽医药房、国家犬科保护联盟、蓝十字、皇家防止虐待动物协会和马之家。猫咪保护联盟未被邀请，这再次表明该组织和猫科动物在当时的地位很低。巴特西狗之家、国家兽医药房及国家犬科保护联盟一心专注于宠物，特别是在城市贫困区，兽医行业几乎没有营业场所。但国家空袭预防动物委员会的主要关注群体不是宠物，而是那些生活在农村地区且具有经济价值的动物。该组织目标广泛，且具有功利性，即保护有经济价值的动物，不论有无生命。例如，为农场动物及用于运输等工作的动物提供并保障食物供应，保护人类免受恐慌或被毒气污染的动物的伤害，以及预防和减轻动物的痛苦。实际上，它的主要任务是挽救因敌人行动而身受重伤的动物，将其宰杀供人类食用，防止黑市交易。然而，职业兽医、警察代表和动物慈善机构首次聚集在一个官方机构，其中每个人都与动物有着千丝万缕的联系。从组织上来说，"动物"一词所涵盖的定义是确定且狭隘的。当时，人们并不关心宠物，因为它们在战争中并不能鼓舞士气、帮助寻找伤员或提供情感支持。但很快，人们发现自己错了。

就在宣战的前几日，斯托迪上校接到上级要求，"关注遭遇空袭的动物"。兽医奉命无偿行动，并被告知只能报销自付费用。尽管如此，最初仍有 750 名兽医报名参加这种"鲜有人问津的国家服务"。战争初期，国家空袭预防动物委员会成立时间较晚，对成千上万的猫和狗造成了有害影响。该委员会预估全国有 600 多万只猫和狗，500 多万只家禽及 3750 多万只家畜，"换言之，家养动物的数量几乎是人口数的两倍之多"。同时，委员会特别鼓励人们搬到乡村时带上动物，并明确反对屠宰动物：

> 那些待在家里的人不应该杀死他们的宠物，动物和人类一样处于水深火热之中。国家空袭预防动物委员会保证，你的宠物如果受伤，它将迅速得到治疗；如果伤势过重，无法治愈，将帮助它脱离痛苦。在城市灭鼠工作中，动物发挥着关键作用，这种反对屠杀动物的说法很有说服力。

然而，国家空袭预防动物委员会和职业兽医很晚才提供建议与指导。直到 1939 年 8 月的最后一周，兽医才公开建议人们应该在战争爆发前将动物送往农村地区，或将它们安置在犬舍。尽管这些指导更适合富人，但贫民也可以通过非人道行为疏散它们。然而直到 9 月 16 日，战争爆发后的第一周，伦敦约有 40 万只猫狗被送往宠物医院实施安乐死，之后，《兽医记录》才向兽医提出建议，列出他们可用来劝阻人们杀死宠物的理由。其中包括：狗和猫无法区分枪声和雷声；动物并不会占用主人太多空间；动物是被允许撤离危险地方的。

战火肆无忌惮地蔓延着，所有参战方都没有意识到"动物"一词不仅指效忠人类的牛马，或是供人类食用的菜肴，还包括陪伴人类的动物。若不及时承认狗、猫、虎皮鹦鹉和其他宠物的存在价值，将对它们产生恶劣的影响，尤其是 1939 年 9 月第一周发生在伦敦的悲惨屠杀。尽管政府对此不承担任何直接责任，但其因为没有及时采取行动援助动物，致使"9 月暴行"彻底摧毁了动物与人类的友好关系。

第 3 章

9月大屠杀

以虚伪的爱为名残酷屠杀人类忠实的朋友，
也是战争的帮凶。

第3章 9月大屠杀

1939年9月3日对德宣战后，人们如释重负，却又充满了迫切的期待。如今，很多文章从心理学和心理治疗角度分析这场战争，特别是战时大后方的情况。正如马修·汤姆森所说，战争心理学"与捍卫民主生活方式密不可分"。战争促进和改变了心理学实践，"产生了衡量人类主体性和管理目标之间关系的新方法"。心理学家注意到"人们为人处事"的价值，他们认为，与受过专业训练的士兵不同，平民百姓无法想象空袭意味着什么，因此容易陷入被动，既不能逃脱也无法反击，情绪容易失控，他们最需要战胜自我，而不是畏惧看不见的敌军。但据著名社会管理历史学家理查德·泰特穆斯后来表示："害怕空袭比空袭本身还要糟糕。"尤其在伦敦，人们通过自我忙碌来缓解无助感，寻找存在感。战争期间，精神分析学家威尔弗雷德·比恩曾在塔维斯托克诊所工作。他强调，人们不能坐以待毙，应该参与工作或投身家庭生活，这一点很重要。"负责人"应该牵头行动、履行责任。战争爆发后的第一个周末，伦敦市民们确实"做了一些事情"，比如送孩子去乡下，因为那里很安全；制作窗帘用于遮光；挖开花坛种植蔬菜……以及消灭家中宠物。

"杀动物"这一集体行为让心理学家始料未及。尽管深受人们喜爱的雄狮狗经常出入弗洛伊德咨询室，但动物并不是人类心理医生的治疗对象，因此，人类杀死宠物并非出于恐慌。9月3日，敌军发动空袭，人们显然听从了政府的建议，沉着冷静地前往庇护所。据《每日电讯报》报道："没有恐慌，人们镇定自若。"这与1920年代一位军事战略家的预言大相径庭。据他预测，一旦拉响空袭警报，人们必定陷入歇斯底里的状态。"未来数日，伦敦将变成一座巨大的疯人院。医院沦陷，交通瘫痪，无家可归者奔走呼号，城市将乱成一团。"尽管人们坚持遵循政府关于疏散儿童和遮光的建议及指示，却忽视了政府、兽医和动物慈善机构关于战争爆发时如何照顾动物伙伴的建议。

正如第1章所述，战争爆发的第一周，媒体利用德国大使馆遗弃的松狮狗拜尔钦，说明英国正在对抗"纳粹主义根深蒂固的残暴"。媒体指出，英国人民是善良的动物爱好者，然而就在同一周，又报道仅在伦敦就有40万只猫狗遭遇屠杀。后经皇家防止虐待动物协会和皇家陆军兽医队官方历史的作者克拉比准将证实，协会主席高尔爵士给出的数字是75万只，仅在伦敦地区，26%的猫狗遭到杀害，总数高达40万只。必须强调的是，1940年4月之前，伦敦境内甚至整个英国并未遭到轰炸，英国当局也并未发布要求人们杀死动物的指令或紧急措施，这是宠物主人自发决定的。当时宠物死亡总数是伦敦动物慈善机构全年常规清除宠物数量的三倍之多，其中包括重病难愈及惨遭抛弃的动物。值得注意的是，这场大规模屠杀竟发生在短短数日内,这对动物爱好者和动物慈善机构而言可谓触目惊心,国家犬科保护联盟称之为"9月大屠杀"。1939年9月7日,据《泰晤士报》报道,成千上万只猫狗死于非命;动物慈善协会中心里"遍地都是动物尸体,每天都有成千上万只动物被送来"。皇家防止虐待动物协会是世界上最古老的动物慈善机构,其伦敦诊所的工作人员增加了一倍,伦敦总部雇用了夜班工人,安乐死设备数量增加了两倍。如此行为并非出于恐慌,而是该组织在发生爆炸时便有先见之明。因此,它为旗下每个诊所额外订购了三个月的氯仿剂量和人体杀伤弹药。该组织应急部署表示,"预计第一个月,总部和所有诊所都将面临对小动物实行安乐死的巨大需求。"

皇家防止虐待动物协会杂志《动物世界》如实报道:"其他动物慈善协会的诊所情况也是如此,因此在战争的第一周,动物诊所加班加点以满足需求。"国家犬科保护联盟成立于1890年代,正值狂犬病癔症肆虐,旨在保护犬类动物。该联盟指出,如此大规模的屠杀,导致氯仿供应不足。国家兽医药房也有类似经历,这是1917年成立于伦敦东区的慈善机构,专为贫民的宠物提供兽医治疗。国家兽医药房声称,当成千上万只宠物被带到诊所要求实施安乐死时,工作人员忙到不知所措的地步。宣战的前一天,国家兽医药房得知"伦敦所有的销毁设备陷入超负荷工作状态",这也意味着"由于停电,粉尘销毁器无法快速焚烧尸体,因为他们不得不在夜间给熔炉降温"。国家兽医药房规定不应当无谓地杀害动物，但其报告称，成百上千个宠物主人"执意"要求，在拉响轰炸警报甚至感知危险之前必须让宠物长眠。伦敦北部的小型伍德格林动物收容所排起了半英里长的队伍，那是人们在等待给宠物做安乐死。9月3日星期日和9月4日星期一，该收容所杀掉了536只动物。在此之后，许多人直接将宠物抛弃。动物收容所的司库呼吁募捐时沉痛地问道：

你知道吗？许多动物惨遭抛弃后是慢慢饿死的；你知道吗？小猫奋力跳进女人们的购物篮寻找食物，却一无所获；你知道吗？骨瘦如柴的小狗，在垃圾箱里翻找残羹冷炙。它们无时无刻不在求助于人类，难道我们要因为缺乏资金而袖手旁观吗？

自1860年以来，狗之家慈善机构一直在收留伦敦的流浪狗（后来也收留猫），让它们与人类伙伴团聚。但在当时，那些宠物主人径直前往巴特西狗之家总部和东伦敦堡区分所，企图对他们的宠物实行安乐死。后来，该慈善机构在1939年的年度报告中预估，与"人们听说在其他地方被杀死"的狗相比，狗之家只处理了极少数的狗，这归功于该机构的秘书希利·塔特先生，他反复劝说人们把宠物带回去。此外，年度报告中还提到"我们收到很多感谢希利·塔特的书信"。9月初，宠物的尸体随处可见、惨不忍睹，理事会、动物协会和兽医机构也一时束手无策。据狗之家慈善机构报道，国家兽医药房提供了其疗养院内的一片草地，用于埋葬 50 万具动物尸体。

战争前期，动物慈善机构和动物爱好者纷纷谴责这一暴行。它并非战争的必然恶果，而是人们无法接受的战时宣传。它与政治宣传中强调的英勇果敢背道而驰，同时媒体也对此提出严正的指责。1939 年 11 月，流行唱片节目主持人克里斯托弗·斯通向全国广播，"以虚伪的爱为名残酷屠杀人类忠实的朋友，也是战争的帮凶。"米特福德·布鲁斯少校虽不倡导动物权利，但也自己养狗，他写文斥责人类屠杀动物的行为，得到了不少关注。少校在 1939 年 11 月的《泰晤士报》发表文章指出："每天都有证据表明，人们还在昼夜不停地屠杀宠物，原因无非是让它们活命会带来麻烦。其实，这根本不是理由，只能表明他们没有意识到自己对动物的义务。"人们以食物短缺或无藏身之处为由，将宠物无情杀害。少校对此严厉驳斥道：马肉是可食用的；市场上有防毒犬舍，可放置在利于疏散宠物的安全区。据记载，动物慈善机构杀害的动物数量远大于兽医个体户所杀害的宠物数量。尽管如此，以上事例表明，屠杀者并不局限于某一阶层或性别。

杀害动物的宠物主人毕竟还是少数。汉密尔顿公爵夫人尼娜描述了那些从伦敦撤离到索尔兹伯里附近庇护所的动物："即使人类自身难保，但对他们来说，宠物依旧珍贵，是他们唯一的朋友；不论是否有孩子，他们都把宠物当成自己的孩子。"尼娜十分赞赏那些尽心安顿宠物的人们，严厉谴责屠杀成千上万只猫狗的残暴行径。当时，只见屠宰场三辆载满尸体的卡车从"伦敦某家动物诊所"驶出。眼前的现实与当局的宣传迥然不同，她表示："如果这件事发生在国外，我们会觉得毛骨悚然。然而'9月大屠杀'确实发生在所谓热爱动物的英格兰大地上，我们向外国朋友作何解释呢？"

没有恐慌，埋头行动

维系文明离不开实际行动，"宣战后的次日清晨，许多人前往图书馆归还书籍"。他们或许是，或许不是杀害猫狗的人。可以说，人们对当时所发生的事情有不同的解释。在这段所谓的"虚假战争"（Phony war）时期，"黑色沉闷"或"姑息纵容"时期，动物常常遭受忽视；甚至连缝制遮光窗帘都会被人嘲笑，甚至连弗吉尼亚·伍尔夫也说道，"忙碌只是一种心理安慰罢了，不愠不怒、平淡无奇。"对某些人来说，1939年的秋天索然无味，令人大失所望："我们拥有所有作战装备，却不具备作战条件，结果无疑是幻想破灭，怨声载道。"那段时期实行灯火管制，直到1940年1月才开始定量配给。政府并未预知如何应对无聊和困惑，而是集中精力解决潜在恐慌及社会崩溃问题，但并没有真正落实。据社会研究组织"大众观察"的哈里森所言，1939年9月3日，38%的受访家庭根本没有采取任何空袭预防措施，比如准备遮光窗帘。霍尔丹或朗顿·戴维斯等精神病学家和政治作家也曾警示人们需要"采取行动"，每个人都应该"采取必要措施"，寻找"藏身之处"。如此一来，他们便会有安全感。因此，在窗户旁竖立沙袋看似虚设，但确实管用。沃尔特·施密德伯格曾在"一战"期间担任过狱警，他列举"老姑娘"的故事证明了这一点。为了防御齐柏林硬式战机空袭，"老姑娘"在头上绑了个簸箕，手里拿着一本《圣经》。"我们可能会觉得可笑，但是，"他继续说，"从心理治疗角度看大有裨益。"做窗帘、挖菜地及照料宠物等工作，在某种程度上来说都是"有效的"。这意味着从"常态化"转变为全面战争局势，无论是否有空袭。

战争爆发前数月，"大众观察"发表了一份调查报告：一旦宣战，人们打算如何应对。一位42岁的母亲说道："我一直在想方设法地收集毒药，我给自己、丈夫和孩子准备好足够的剂量，可以痛快地离去。上一次战争的情景依然历历在目，我不想让孩子们重蹈覆辙，所以我不会告诉他们实情，我就这么做。"当时，类似言论层出不穷。正如一位45岁的父亲的解释："如果战争无法避免，我宁愿亲手毒死我的两个儿子。"一位33岁的母亲谈到她的两个孩子："如果发生战争，我希望我的孩子先我离去。"然而，当战争爆发或是空袭来临时，并没有发生大规模杀害儿童的事件。的确，精神科医生也报告没有出现任何战争神经官能症。毫无疑问,这种情绪在某些情况下已经转移到宠物身上。

伦敦成立了一家志愿者协会,提供战时紧急心理健康服务。该协会于1941年总结道:"平民急诊科并未出现战争神经官能症。"对此,数十年后尼古拉斯·罗斯在其学术著作中表示赞成:"1940—1941年空袭实际促使精神病院和诊所就诊人数有所下降……无迹象表明战争期间英国神经官能症或精神障碍发病率显著上升。"也有专家曾预测,宣战后的数周,入住精神病院的人数将增加,但事实并非如此。精神病院急救站反而关门大吉,因为人们并不需要,"没有轰炸神经官能症"。一旦拉响空袭警报,举国上下将会陷入一片恐慌,难以控制,但最终空袭并未如期而至。如果认为1939年的"9月暴行"是人类出于恐慌而为恐怕有失偏颇,现代精神病学也无法证明。这种战争反应令人大吃一惊,与当代共识相矛盾,即与1938年9月绥靖事件相比,人们不太"盲目恐慌"。

"盲目恐慌"

我之前提到,为应对1939年9月即将爆发的战争,皇家防止虐待动物协会周密准备,因为该协会和其他动物慈善机构在1938年9月的"绥靖事件"中有过前车之鉴。9月底,张伯伦飞往德国与希特勒对话,并带着"一纸条约"返回英国,宣称战争已经推迟。当时成千上万的家庭开车从伦敦赶来，在一片慌乱中，开始分发防毒面具，在公园挖战壕。有人说，这无疑造成了"盲目恐慌"。巴斯特·劳埃德·琼斯虽不是一名专业兽医，但他为动物提供了治疗，并清楚记得慕尼黑阴谋给动物带来的影响：

> 我所知道的那些深爱着宠物的善良的人们惊慌失措，他们为宠物实施安乐死。我苦苦哀求，好言相劝，逐渐暴躁，依旧无法说服他们改变心意。于是，我设法为它们找寻庇护所，但因数量实在庞大，没能帮助所有动物。

精神病医生威尔弗雷德·特罗特这样描述当时的情绪："1938年9月和10月，所有在伦敦的人都意识到人们道德态度的转变。许多富人公然逃离，那些原本乐观的人开始变得惶恐不安。""大众观察"的哈里森和查尔斯·马奇也观察到"恐惧……几乎发展成恐慌"。正如诗人路易斯·麦克尼斯描述的，当时人类的惊怖好似动物身处绝境中一样，"绥靖事件期间，恐慌浪潮席卷了整个伦敦城，人们就像发生森林火灾时的野兽一样，麻木无望、喋喋不休"。危机期间，艾琳·拜尔斯夫人带着她的猫珀西来到贝斯希尔，她的丈夫西里尔是一名公务员，继续留在伦敦教育局工作。艾琳被告知要杀死宠物猫珀西，她打算听从丈夫的指令，感到悲痛欲绝。不忍看到孩子们如此伤心，艾琳的婆婆介入了，珀西才幸免于难。这只猫紧紧跟着西里尔，艾琳含糊地写道，"夜晚一切安然无恙"。是因为没有轰炸，还是没有眼泪和争吵，尚未可知。1938年9月，仅48小时内就有3000人向皇家防止虐待动物协会总部求助。也有许多人带宠物狗去国家犬防联盟做安乐死，但遭到了拒绝，该组织敦促宠物主人等待张伯伦和希特勒的会谈结果。考虑到持续的战争威胁，国家犬防联盟建立了安全地址登记册，倘若战争真的来临，伦敦市民可以将宠物带离首都。巴特西狗之家报告，计划已经赶工，以应对紧急状况，但"好在有惊无险"。向残疾动物朋友联盟（现为蓝十字）求助的申请者更是数不胜数，"人们深陷绝望或恐慌之中，希望让宠物长眠于此，以此缓解他们的部分焦虑"。残疾动物朋友联盟曾安抚人们"不要被迫过早采取行动，这样往往会失败"。1938年，惊慌失措的不一定是没有社会资源的穷人。该联盟表示，"许多人带着全部身家匆匆开车逃往安全国度，然而没过多久情况好转了，他们便把宠物猫狗寄放在这；如若事态恶化，这些可怜的宠物将被立即杀死。"该联盟将这一行为与纳粹攻占下的难民行为进行了对比，"即便身处绝境，他们对宠物依然不离不弃"。1938年发生的事让人措手不及，引发了一系列恐慌和对宠物的不必要残杀。因此，正如政治家和动物慈善机构所预料的，一年后战争真正打响时，人们也有心理准备，不会表现得那般恐慌。

值得注意的是，猫咪保护联盟似乎并不像巴特西狗之家或残疾动物朋友联盟一样表现得沉着冷静。该组织自成立以来，便感受到猫的社会地位低下。其秘书斯图尔德事后回顾绥靖事件时总结，猫主人需要依靠自身努力保护它们，例如在花园里搭建防毒室以保护自己和猫，或者准备防弹和防毒庇护所以应对即将到来的战争。如果有的话，可以考虑为猫佩戴防毒面具，想来这种行为简直"残忍"。斯图尔德总结说，猫专用的防毒箱也很危险，可能导致窒息。不幸的是，这些建议最终指向：经历过战争的人更能切身体会欧洲大陆无家可归的猫的痛苦，所以他们"毫不犹豫地选择将猫交给安乐死，如此一来，宠物猫便能免于战争恐怖"。该慈善机构如此建议，因为它认为猫的地位低下，在战争中不会受到善待。正如我们将看到的，人与猫的关系将得到改善，在战争期间情感关联更加紧密。

安乐死

早在20世纪30年代，即使职业兽医在给那些"无用的"动物做安乐死时，所用的方法也可能导致动物身体疼痛。虽然氰化氢作用迅速，但它仍会引发"高强度痉挛"。一位兽医如是写道："我是这样做的：先注射吗啡，静静地等待它发挥作用，然后慢慢注射氯仿。"当时并不是免费给动物做安乐死，布兰克博士解释说，先给它们打针或者吃药，这两种方法"见效很快"，但对兽医来说"很可怕"。因此毒气可能"会更温和"。动物保护协会于 1933 年 6 月组织了一次会议，由汉密尔顿公爵夫人尼娜主持，会上强调了如何杀死"无用"的动物。该协会主席林德·阿夫·哈格比表示，"死亡……并不是件易事……即便方法很好，也可能失败，确实也有失误的前例。"兽医们向非专业观众详述其所用方法。韦克·雷纳中校提倡电击，概述了国家犬防联盟在克罗伊登使用的方法，即用 200—350 伏电压电晕，然后在胸腔内注射氯仿。雷尼说："没有固定仪器，因此没有恐惧。"他批评了巴特西狗之家当时使用氯仿喷雾剂或一氧化碳室的做法，因为动物并没有迅速进入睡眠状态；相反，"注射麻醉剂后它们会猛烈挣扎一会儿"。然而其他人并不同意，他们认为要让宠物迅速失去知觉。伦敦东部一家收容所的杜波依斯夫人解释说，兽医们用氯仿杀死了 1.3 万多只狗，充足的空气和空腹才是关键。

巴特西狗之家于 1934 年首次引进致命电击室，与国家犬防联盟使用的电室相类似。许多著名科学家，包括研究大规模屠杀方法的国家兽医协会兽医特别委员，对动物进行了测试。科学家们表示，对从巴特西引进的新设备"非常满意"。狗之家协会通常逐一杀死动物，以避免其他动物看到同类死亡而感到痛苦。1937 年，国家兽医协会通过一个特别委员会深入探索小动物安乐死的其他方法，该委员会包括伍里奇教授和莱特教授，他们都任教于伦敦皇家兽医学院。该委员会旨在"全面探索""人道毁灭"动物最有效的方法。这种探索不是出于战争需求，而是一场平静有秩序的屠杀。兽医们沉浸于如何确保动物在"最小苦痛或不适"的情况下死亡，他们说，从动物的角度看，静脉注射是最人道的方法。似乎"除了经济原因，再没任何正当理由促使人类如此大规模屠杀动物"。考虑到动物不可能同时失去知觉，科学家认为，如果"无用"动物数量过于庞大，电击室对动物慈善机构而言是不二选择，因此他们"强烈推荐"这种方法。尽管委员会的职责是有效地杀死大量动物，但委员们并未在报告中提及战争：这只是满足人们和平时期"常规"杀死动物的要求。

因此，为了理解为何近 40 万只宠物仅在一周时间内命丧黄泉，我必须强调，大多数宠物是幸免于难的，我们不仅要考虑特定动物和人类的"战时"背景，还需考虑家庭中之前存在的特定动物—人类关系。正如以下四个例子所示，这种关系无关任何阶层或性别差异，决定因素都在最初的生存或死亡中。

四则故事：不同的命运

对于生活在赫特福德郡的法国贵宾犬玛可斯来说，1939 年 8 月下旬天气酷热，一切如常。这只法国贵宾犬试图攻击小鹩鸪，但被鹩鸪妈妈阻止了，只见它缓缓飞来，尖声叫着。玛可斯虽然干净健康，但似乎受酷暑影响：本月最后一周，它的耳朵里长满了虱子。女主人艾琳用消毒肥皂、跳蚤粉和醋勾兑在一起，用来梳理它的黑白毛发，这才让它好受些。9 月初宣战似乎与玛可斯无关，否则它的主人乔治·奥威尔就会记录在日记中。此时外面烽火连天，丝毫不影响他们的关系。令人惊讶的是，奥威尔在日记中提到了一只宠物，他向来仇视那些为动物奔走的人类："动物热风靡全国，这可能与农业衰退和出生率下降有关。"

8月底对黑色猎犬安格斯来说更为重要。它的主人是一位腼腆的医生，被征召入伍。考虑到家人并不喜欢狗，医生直到为它找到一个好归宿才肯离去，所以安格斯很幸运。汉密尔顿公爵夫人尼娜记得1938年9月慕尼黑事件对动物造成的影响，当时战争一触即发，人们惶恐不安。为防止宠物屠杀悲剧重演，尼娜在电台广播说，人们应该将动物带去伦敦市中心皮卡迪利大街附近的圣詹姆斯动物保护所，然后再带去索尔兹伯里附近的弗恩庇护所，这是她在自己的乡村住宅搭建的庇护所。除此之外，尼娜还在圣约翰伍德家中搭建了临时犬舍，一些狗被拴在那儿的栏杆上，那儿还有家猫和纯种猫。它们将与安格斯一同撤离。安格斯像撤离的孩子们一样挂着名牌，撤到远离伦敦的安全地带。

路路早就对颠沛流离的生活习以为常。1930年，这只黑白相间的波斯猫大约两岁，当时它向人类表明了身份，便被带往伦敦市中心马伯拱门附近。有一天，它赤裸地躺在床上，两眼泪汪汪，饥肠辘辘，毛发杂乱。路路是一只绝育的猫，之前住在一家餐馆，生活十分寒酸。每天的食物仅是价值一便士的猫狗食用肉，更确切地说是屠场宰杀的老马肉；周日只能"靠吃残羹冷炙过活"，"和数万只伦敦猫一样，路路的食物只够勉强活命，更别谈营养和健康"。玛可斯也不例外，满身虱子，脏兮兮的，当艾琳第一次给它梳理毛发时，乔治·奥威尔发现它身上有69只虱子。周边的居民和动物都认识路路，房东太太说，小时候它被踢到过头，造成弱视，所以它得定期拔睫毛。路路总是乐善好施，它会跑去帮助被大狗欺负的猫咪，和病猫分享暖烘烘的床或陪它玩捉迷藏。它擅长捕鼠，但从不攻击鸟类。

猫咪保护联盟的简报《猫》连续数期发表猫咪的长篇讣告，或者更恰当地说是悼词，其中可以体现以上所说的细节。路路

图 3.1 被疏散到弗恩动物庇护所的狗，1939 年 9 月（汉密尔顿公爵夫人尼娜，《弗恩纪事》，欧内斯特·贝尔图书馆）。

的主人非常喜欢它，他说："如果我说某人很像路路，那一定是我给予的最高评价，而且是以人类的标准来评判。"然而，我们之所以长篇大论地描述这只平平无奇的猫，是因为它的生命终结于主人之手。他曾满怀深情地写道："战乱肆虐，我无法想象路路惨遭他人毒手，更无法忍受它饱尝战争之苦。"就这样，主人亲手结束了它的生命后，"陷入悲恸，难以自拔"。由此可知，主人与路路之间形成了一种共同的认知：死亡是一种更好的归宿。

白兔米妮也难逃厄运，死于梅恩先生之手。尽管梅恩先生的孙子当时还未出生，但是他的母亲告诉了他这件事。梅恩先生时任伦敦西部郊区绍索尔银行经理，而米妮住在银行屋顶的一个小笼子里，艾莉森和玛德琳是它的小主人，姐妹俩常常用婴儿玩具车推着米妮到处玩。战争一爆发，女孩们的父亲就决定带全家撤离，前往他们的滨海小屋。尽管他们是开自家的车，并前往一个熟悉的地方，梅恩先生却执意不带米妮。随后，米妮被梅恩先生的朋友枪杀而亡，并被带走剥皮、切成肉块，然后被梅恩夫人做成肉饼。艾莉森被告知实情后感到些许沮丧，但还是吃得津津有味，她说："我宁愿自己吃掉它，也不让米妮落入他人肚中。"妹妹玛德琳泪流满面，拒绝吃兔肉。从家庭成员到惨遭遗弃，这种身份转变并不稀奇，但对家庭而言非常重要，不仅要牢记，还要传递给后代。

这四个故事发生在战争前期，讲述了不同动物的命运和结局。第一位主人公是贵宾犬玛可斯，它似乎并未受战争影响；第二位主人公是猎犬安格斯，幸运地被领养，这才死里逃生；第三位是波斯猫路路，它的主人担心无人能像他一样无微不至地照顾它，因而怀着悲恸的心情将其杀害；最后一位是白兔米妮，惨遭冷酷无情的杀害，但不是主人亲手所为。这些故事表明，尽管成千上万只动物在战争初期被杀害，但人类选择杀害或不杀害它们的原因来自多方面。9月初，菲利斯·布鲁克在叙述蓝十字的工作时指出，一些杀害动物的人"悲伤到心碎"。她还指出，许多人遗弃动物是为了"自谋生路"。她注意到老年人的态度，"我们经历过一场战争，将留下来目睹这场战争结束"。大部分日记记录了喂养或撤离动物，关于屠杀动物的暴行却一笔带过。当然，可能对日记作者而言，"9月暴行"毫无纪念意义。

9月大屠杀的生死标准

尽管如前所述，里宾特洛普在担任驻英大使时遗弃了松狮狗拜尔钦，被指责"不人道"。不久后，德国也因涉嫌大规模屠杀狗受到严厉谴责。然而，那些9月份在伦敦杀害猫狗的宠物主人却毫无悔意。我认为宠物的存亡并非取决于某一理由，一位记者来信说："我奶奶在'二战'初期便杀了她的猫，因为她对'一战'的场景记忆犹新，炮火连天，白骨遍野，她不想让自己的猫无家可归，惶恐不安。"这个故事可能是真的，尽管细节很模糊，但讲述了人类情感和亲身经历。决定动物生死的不一定是其自身条件，如年龄、种类或经济价值，甚至不一定是人类的物质情况；相反，动物—人类已存在的关系的性质才是关键。正如彭妮·格林所述：

当时父亲只有12岁，我的祖母看到人们带着各种各样的宠物排队站在人行道上。父亲见状便向祖母询问事由，祖母说这些宠物将被杀掉，这样即使战争爆发，它们也能免遭苦难。其中一位妇女抱着一只亮黄色的猫，好不漂亮。父亲当时很是难过，随后被祖母催着走开。长话短说，最后父亲和祖母将那只亮黄色的猫带回了家，改名为查理，并在闪电战期间一直照顾它。尽管德国空军横行霸道，发动空袭，查理依然身体健康。

这个家庭故事值得分析，因为它让我们对动物屠杀有了不同的认识。首先，这则故事世代相传，主要是讲述给当时的孩子们。因此，是以孩子的视角解释人们杀害动物的行为（"我的祖母……宠溺我父亲和我喜爱的动物"）。那些杀害或拯救动物的人可能早已不在人世，但杀害动物是为了"避免它们受苦"这一观念却根植于后代脑海中。其次，它不仅宣扬了动物死亡的积极立场，拯救动物的母亲与排队的人住在同一地方，但在屠杀事件发生前，母亲显然被定义为"动物爱好者"，她正是受早年的动物—人类关系影响而改变立场，最终拯救了猫咪查理。

类似的故事不胜枚举。尽管是通过成年人口口相传，但我们现在所了解的战时动物的故事，却与儿童息息相关。保罗·普卢姆利现已80多岁高龄，近来回忆起家犬的死亡：

> 战争爆发时，我只有五岁，母亲让我带着威尔士牧羊犬去兽医那里睡觉。对于一个五岁孩子而言，那条路遥不可及！我当时并未多想。

这一真实故事与艺术评论家布莱恩·苏威尔的回忆形成了鲜明对比，他是一位众所周知的爱狗人士。苏威尔在不同地方都写到了自己与拉布拉多犬普林斯的关系，例如，他在自传的首卷中如是描述战争爆发时，全家从惠斯特布尔撤离，继父罗伯特杀死了普林斯：

> 我眼睁睁看着普林斯被带去海边，只听一声枪响，普林斯倒下了，罗伯特将其留在海滩上等待被潮水冲走。不像现在想来痛心疾首，当时我的内心毫无波澜，但这种冷酷无情的厌恶感一直萦绕在我的记忆中，挥之不去。

罗伯特与普林斯并无任何密切关系，反倒是苏威尔，成年后他将这份情感倾注于孩子身上，以此作为纪念。继父没有被征召参军，当时没有考虑撤离到这座沿海城镇。决定宠物狗死亡的不是外部物质因素，而是动物—人类家族内部因素。

当代一位青年将这场杀戮置于更广泛的背景下叙述。1939年9月第二周回到伦敦，日记作者兼动物爱好者考克斯记录了她与邻居福克斯小姐的谈话："福克斯小姐笑眯眯地告诉我们：多宾博士认为自己'可能'会被征召入伍，所以他杀死了自己的三只小猫。"

整个战争期间，他不遗余力地照料宠物猫鲍勃。据报道，当时伦敦居民大肆屠杀猫咪，导致部分地区遭受虫害，所以当局恳请人们尽可能地不要杀害它们。战争打响时，格温·布朗住在伦敦西部奇斯威克区，当时她已经是一位少女，而不是小孩。她最近讲到邻居杀死自己的两只狼犬：

> 这是我第一次看见狼犬，它们很漂亮，也很可爱。得知这两条狼犬惨遭毒手时，整条街区的居民都很震惊。几乎每家每户都养宠物，但当时一如往常，什么也没有发生。空袭警报几乎在宣战的那一刻响起，这只是个错误，所有人都被这可怕的声音吸引住了。周日正式开战，我猜想那两只狼犬大概死于周二或周三，甚至可能更早，总之很快。整条街区掀起了一阵骚动，人们迫不及待想要了解实情。

第 3 章　9 月大屠杀

布朗的爱尔兰塞特犬斯帕迪一直与家人一起生活，直到1943年去世。布朗驳斥了传染性恐慌的说法，继续说道："狗经常坐在门外或独自四处游荡，或许有些被成功撤离，但我从未听说其他狗在当地被杀害，这就是我们听到狼犬被害后感到如此惊愕的原因。"不同于考克斯同时代的日记，它不仅记录了作者的宠物狗，还描写了邻居的狗。其中，一些家庭故事的叙述者由于当时太年幼，并不知晓其他家庭宠物的情况。因此，讲述自家宠物的故事居多，而对邻居家的宠物知之甚少。当然正因如此，青少年从此便多了一份关于邻居家宠物的记忆。虽然孩子们经常被保护，免受家庭内残杀宠物带来的伤害，但布朗记录的这个故事打破常规，讲述了一个爱狗家庭目睹发生在街区的暴行，很显然小布朗还是知道了实情。

相比之下，来自伦敦市中心尤斯顿的小狗邦尼在逆境中得以幸存。它的主人是一位40岁的女店员，她在战争期间接受"大众观察"的采访并表示，最初收留邦尼并非心甘情愿，只是不忍看到它被顾客杀害：

> 我养这条狗也没多久。我并不赞同狗待在伦敦城内，所以起初我也很排斥，但实在不忍心看它四处流浪。有一天，顾客带着宠物狗走进商店，不停地说着为了它好，不得不将它杀害。看着眼前如此可爱的小狗，我无法想象它即将被杀死，我说让我来照顾它吧。

虽然一开始它很招人烦，总是叫个没完没了，但慢慢平复下来后很好相处。它十分活泼可爱！我现在不能没有它：它会帮我拿文件，事事有回应，善有善报。

这不仅仅叙述了狗或人，还有他们彼此间相互依存的特殊关系。

家庭之外的动物悲剧

开战后不久，家养宠物之外的动物也在劫难逃。动物园中用来观赏和教育的动物陆续遭受迫害，布里斯托尔城的北极熊被杀，它们的圈地被改造为防空洞的出入口；科学家索利·祖克曼利用布里斯托尔的恒河猴做实验，以政府提供食物作为交换条件；苏特恩德的库尔萨动物园里的狮子无一幸免，全部遇难。随后，所有剩下的鸟类及其他动物也难逃厄运，最后动物园不复存在。

伦敦动物园过去一直引以为豪的是展示和鼓励"文明"行为。该动物园的管理者曾建议，参观者可以在地名录的指导下观察特定动物，以此改变"不文明"行为。宣战不久后，这种方法便中途夭折。所有毒蛇和部分蟒蛇都被人道毁灭，其中一只黑寡妇蜘蛛被斩首，大蟒蛇暂且被收押在大木箱中。考虑到它们"可以照顾好自己"，人们便释放了部分鸟类（这很可能涉及另一个问题：为什么其他鸟类无法自食其力呢），其中包括红隼、苍鹭和鸢，随后观察到它们飞翔在摄政公园上空。淡水鱼被放归池塘，水族馆内的咸水鱼被杀死，熊猫和大象被转移到惠普斯奈德；在这里，一只年轻的非洲公象被杀害，以便为转移而来的动物腾出空间。人们十分关注动物园内动物的困境。因此，官方宣称伦敦动物园只是处理了"少数多余的"和"多数年老的"动物，"游客们参观时几乎不会注意动物园内的动物数量变化"。因为这会对人类造成情感冲击。事实证明，和家养宠物一样，大规模屠杀动物园里的动物也是近乎疯狂且非人道的。娱乐和集会场所的禁令将在两周内解除，伦敦动物园也将重新开放。1939年底一项新举措中，有135只动物得到经济资助，"榛睡鼠每周食宿费为1先令"。

  战争期间，动物的地位、功能及与人类的关系都将发生巨大变化。起初，一些动物确实茁壮成长，繁殖能力超强。"家养"兔子不是用来把玩的，它们一直在交配繁殖，但现在已沦为人类的盘中餐。一位女性回忆童年时光，当时正值战争时期，"父母饲养兔子和鸡，以此换来其他食物。我很喜欢其中一只白色安哥拉兔，它有着粉红色的耳朵和眼睛，很是漂亮。和其他兔子一样，它一旦长得肥硕，就会被宰杀做成佳肴。从那时起，我便拒绝一切荤食"。乡村野兔也难以幸免，"野兔和破坏庄稼的兔子人人喊打，而家养和肥胖的兔子可能会受到青睐"。野兔毁坏庄稼、啃咬树木或"糟蹋"草地，极有可能引来杀身之祸。

1940年5月，法律允许人们消灭野兔，不论其行为如何。还有公鸡、老鼠和林鸽，连同它们的巢穴和幼崽也可以一并消灭。

虽然动物都会面临死亡威胁，但一些纯种动物自有特权，因为它们能繁衍特定的品种。为避免像"一战"后那样从德国进口宠物狗，《苏格兰每日快报》宣布："苏格兰狗王国的贵族已经被疏散到美国和英属殖民地，许多有名的获奖者和多数年老的狗在'战争期间'已经安全撤离，为防止稀有犬种在空袭中绝种。"

其他动物的饲养者也格外重视培育优良品种，其中包括国家老鼠俱乐部的老鼠爱好者和豚鼠饲养员。少女日记作者黑兹尔·弗罗斯特当时在鸟兽俱乐部打工，负责饲养和出售豚鼠，并记录它们与家庭其他成员的短暂生活。在离开学校时，小女孩宣称成年后想成为一名优秀歌手、钢琴家、护士和豚鼠饲养员：

> 祖父于下午3点去世。多萝西发现他穿戴整齐，躺在地板上奄奄一息。金妮（其中一只豚鼠）陷入昏迷后，于晚上9点左右死亡。祖父和金妮皆为善终。

动物屠杀之来龙去脉

战争第一周，每家每户都有动物被杀害，正是个体动物的死亡，构成了大规模屠杀的一部分。当然，这不是战争或和平时期第一次屠杀动物。动物研究中心认为，杀害动物是"所有动物—人类关系的结构特征"使然。戴安娜·唐纳德在其创作的《动物屠杀》一书的结尾处指出："难道最根本的区别是有的屠杀行为被人们有意无视、有意从作恶者意识中抹去，另一方面却大肆标榜另一些看似很能体现人类'仁慈'的杀戮方式吗？"然而，动物死亡的视觉表象也有忌讳，诺福克希尔赛德动物保护区的现代奶牛和其他大型"农场"动物的坟墓是个例外。幸存的动物安全度过余生，而后被埋葬在保护区中心一处牧场附近的小墓地里。坟墓造型简单，面积很大，上面装饰着木制十字架。希尔赛德动物保护区引人注目的是，动物们通常在屠宰场被宰杀，而且尸骨无存，它们的墓地显然类似于宠物

图 3.2　北卡罗来纳州诺福克市希尔赛德动物保护区，前动物居民的坟墓，约 2003 年。

或人类的墓地。值得注意的是，尽管"二战"时期十分流行纪念碑，但那些死于"9月大屠杀"的动物却没有资格获得纪念碑，甚至连国家兽医药房的动物公墓正式牌匾也没有。

1899年爆发了第二次布尔战争，大量马匹和骡子因此丧命，这是首次引起人类关注的大规模战时动物死亡事件。为提供战争补给，人们将大批动物从南美运送到南非，一路艰苦跋涉，还未到达战场，已有1.6万多只动物死于航行途中。在军事交战过程中，有40多万只动物死亡，这主要由疏于照料和食物短缺而导致。动物的死亡方式更是引起公愤，陆军兽医局预计，为期两年半的战争中，有163只动物中枪而亡，3只动物死于炮弹之下。陆军兽医克拉比准将描述道："有人说，英国战争史上从未出现过如此蓄意牺牲动物生命和浪费国家资金的行为。"当时，动物保护主义者在英国和南非的伊丽莎白港，也就是动物下船的地方，建立了各种纪念碑。"一战"期间，正是因为这种忽视才带来了一些更好的治疗方法，包括建立专业兽医单位和动物医院。但是，无论是当代观察家或历史学家，并没有将其概述为"大屠杀"，因为第二次布尔战争中牺牲的马、驴和骡子，并不是出于蓄意策划。

过去几十年里发生了各种各样的动物"屠杀"事件，引起了广泛关注。南希·雅各布斯研究了1983年发生在南非博普塔茨瓦纳的驴子屠杀事件，简言之，土著精英阶层认为，与贫民和被剥夺权利的驴相比，牛应该得到更多的青草。因此，2万头驴被杀，雅各布斯认为该事件已经"彻底政治化"，招致人们反对种族隔离。她采用口述历史的方法，部分原因是"人们集体失忆，此次驴屠杀事件几乎没有历史记录"。她指出，尽管驴对于主人来说是宠物，但它们也受人类支配。雅各布斯试图将驴带入历史题材而非"物质对象"，她强调人与其他物种之间的关系如何反映"人际关系"，由此不得不提及20世纪70年代美国学者罗伯特·达恩顿的著作《屠猫狂欢》，其中分析了1730年代末发生在巴黎的大事件。雅克·文森特是一名印刷大师，其印刷车间里的学徒们经常食不果腹，工作环境很差。一到夜晚，巷子里的猫叫个不停，让人无法安心睡觉。为了报复师傅和师母，学徒们晚上学猫叫。于是师傅和师母命令他们除掉巷子里的猫。猫无一幸免，包括师母的那只珍贵的灰色宠物猫。事后师傅大发雷霆，而徒弟们"很是喜悦"。作为文化历史学家，罗伯特·达恩顿提到了该事件的相关叙事。达恩顿承认现实生活中猫确实被杀害，并解释了它们在不同西方文化中的表现和待遇。比起杀害动物，达恩顿对学徒们和老板开的玩笑更感兴趣，他们对礼数和模仿信手拈来。他写道："这是一种隐喻式侮辱，通过行动而非语言表达，让人印象深刻。"正如他的标题所示，他将猫纳入人类故事中，成为探索人类活动的工具。文中对猫进行了象征性分析：它们在文化上如何得以表现。猫的命运由主人的宠爱程度所决定：它们不仅是灭鼠工具。如果它们在富家女的生活中可有可无，那么它们的悲惨命运或许会有转机。第三个鲜为人知的事例是 2010 年获奖的卡通电影《母狗的故事》，这部电影由法国亚美尼亚导演谢尔盖·阿维迪基安执导，描述了 1910 年流浪狗在君士坦丁堡被捕，随后被集体丢弃在一座荒岛上挨饿并慢慢死去的故事。这是真实发生的事件，正如阿维迪基安所承认的，确实有人试图努力避免发生悲剧。他企图吸引土耳其之外的人或亚美尼亚侨民对犬类屠杀的关注。另一方面，这些可怜的动物被历史抹杀，仅被用来预示人类的悲剧。

然而，1939 年发生于伦敦的猫狗大屠杀与此不同。它并不只是隐喻战争开始，尽管事实确实如此。"9 月暴行"不是政府机构发起的，而君士坦丁堡的屠狗行径或博普塔茨瓦纳的屠驴事件确是官方发起的。"9 月暴行"也不像 18 世纪发生在巴黎的圣塞维林街屠猫狂欢，是"蓄意策划"的结果。相反，它违背了动物慈善机构和国家空袭预防动物委员会的建议。

各行各业的人们与动物有着不同程度的关联，他们决定了宠物的命运。"9 月大屠杀"无疑破坏了某些关系，但在接下来的六年战争时期，动物—人类的关系将变得越发牢固。

第 4 章

"虚假战争"

断电使它心神不宁……此后,它便闭门不出,
越发怅然若失、焦虑不安。

第 4 章 "虚假战争"

1939年秋冬时节，英国还未遭到轰炸，但将这一时期纳入全面战争范畴仍然是恰当的。人们称之为"虚假战争"，但它的确是战争，影响了人类和动物，导致两者之间的关系开始发生不同的变化。物理环境的改变打乱了动物的生活习性。例如，战前数月，许多马经常与美国大使约瑟夫·肯尼迪的马在伦敦海德公园的骑马道慢跑，但很快它们便被转移出伦敦城，随后部分马被政府用来运输。战争爆发后的头几个月，法国政府另外购买了300匹马。马商贩被要求在战事管理局对其马匹登记，其中5—10岁的马匹，"个头不高，肋骨发达，膘肥体壮"，还有一些轻型牵引马"能在崎岖不平、坑坑洼洼的路面拉重物"，它们都是香饽饽。马里亚纳和特鲁姆普等马每天仍然载着霍尔曼在海德公园慢跑，它们不用担心食物供给。不久之后，谷物短缺，马儿们只能食用"脏兮兮的劣质草料"，致使许多马患有肺部疾病和慢性咳嗽。

即使无须面临迫在眉睫的轰炸威胁，但伦敦依旧严格执行灯火管制，这极大地影响了城市景观。安格斯·卡尔德的辩词极具说服力，他认为灯火管制"彻底改变了人们的生活状况，其程度远比任何战争更为严重"。城市景观随之改变，人们常常迷失方向。除此之外，截至1939年12月，伦敦交通事故致死率高达战前事故的八倍之多。伦敦街区不再霓虹闪烁，往日灯火通明的城市标语和广告牌也已罩上"黑色鹅绒"。不久，郊区或乡村的鸟类闻讯赶来，定居于此，很显然，城市断电召唤着猫头鹰回到伦敦市中心。据美国记者观察："天空闪烁着一轮明月，海德公园依稀传来猫头鹰的叫声，声音越发清晰。"一位妇女如是思考着战争爆发："伦敦城昏黄不定，飞蛾是如何飞行的呢？"

灯照的限制同样给宠物生活造成了困扰。每每黄昏将至，拉上纱帘，宠物猫会坐在公寓窗前或阳台享受时光。因此，"我们有理由相信，缺乏足够空间和空气容易影响食欲，导致消化不良及皮肤病"。猫咪保护联盟就猫科动物福利提出了具体建议，例如"定期喂食，给它佩戴弹性项圈或其他辨识身份的物品。最重要的是不要在夜间带它出门"。其中最后一条建议早已提及，但屡遭忽视。阿尔伯特·斯图尔德曾告诫人们："不要在晚上把你的猫赶出去，也不要指望公共收容所，更不要试图用药物让它保持安静。"

光线不足必然导致交通事故，造成人类和动物死亡，但人们却对限制动物活动的建议充耳不闻。"美丽的小黑猫"尼格住在伦敦东南部，因晚上没被关在家里，最终惨遭碾死。严格限制猫咪夜间外出不仅能保证其安全，当然，也意味着猫咪和人类相处的时间更长。猫咪保护联盟简报《猫》的一位撰稿人谈到她的田园猫：

它已经习惯看到花园里灯光通明的房间映像，如此便知道家人都在身旁，所以断电使它心神不宁。预演停电那晚，它没有在往常的时间进来，于是我们满花园寻找，终于发现它坐在落地窗下的台阶上；窗户半开着，当然不见灯光。此后，它便闭门不出，越发怅然若失、焦虑不安。

由此可见，人类不仅会关注猫的去向，由于其行为一反常态，而且还试图理解猫的想法。如同在黑暗中如履薄冰，新环境凸显了不同物种的能力，它改变了人类和动物以及彼此间的关系。同时也提醒着《猫》的读者，尽管猫适应黑暗的能力比人类强，但它们在伸手不见五指的环境中也无法看清事物。另一位撰稿人同样观察到，一到夜间猫会溜到床上睡觉。周围一片漆黑，猫咪胆战心惊，在地板上胡乱走动。"于是我在地板上放了一个小夜灯。"作者总结道，"窗明几净，它便能安心走动；让它看见周围环境的变化，以便适应。"

尽管国家犬科保护联盟并不鼓励这么做，但在20世纪30年代，狗可以独自外出。然而，一旦发生爆炸，狗也出不去。例如，幸存的人类需要通过紧急服务找寻他们的宠物。每逢夜间和断电，狗也会受到影响。宠物狗用具公司的马丁建议："为了安全起见，宠物狗主人天黑后不要带狗外出。"国家犬科保护联盟建议给宠物狗佩戴发光牵引绳或项圈，以便断电时确保它们的安全。当然，并非所有人都会照做。例如，大型贵宾犬穆切在断电期间发挥着特殊作用，它叼着小手电筒，照亮人行道，在路边等着人们。广告商嗅到了商机——宣传灯火管制期间人们可以怎么做。正如《泰晤士报》私人广告栏上的宣传："断电时，建议带上一只白色哈巴狗，或价值两几尼的可爱小狗。"

除了拉上遮光窗帘以阻挡强光照射外，人们还用水或沙子填充容器来紧急预防轰炸和火灾。这些内部生活空间的变化也会以不同方式影响室内的动物。弗林·丁尼生·杰西居住的小区每个楼层都放置了沙桶，有一次，他的宠物猫帕金无意跌入其中。于是，后来人们倒空桶里的沙土，并在桶顶放置数块硬纸板，"以防小猫覆车继轨"。

灯火管制也给格力犬晚上在室外赛跑带来了诸多不便。最初，因人群聚集易受空袭，所以室外赛跑是被禁止的。没过几周，赛道重新开放，但在夜间仍然不允许使用，因为断电期间禁止照明；并且如果在夜间发生空袭，也无法举行会议。格力犬可以继续参加比赛，但比赛会在周六下午或法定假日举行。

撤离的儿童与动物

1939 年秋，战争一触即发，历史学家密切关注国内疏散的 400 万母亲和儿童的处境，却很少关注战争大后方的状况。在这场大规模人口流动的宏大叙事中，人们往往忽略了只有近一半学龄儿童被送离伦敦，其中许多"独生子女"留在家中或被私自撤离。此前当局根据家长反馈的情况进行过相关统计，很显然此次统计的数字比之前的数字少了约30%。许多家长显然在疏散前改变了主意，这表明将孩子交给陌生人同样危险，家人间互相安慰也无济于事。同时表明，其实许多成年人对战争的爆发较为乐观，并不会陷入所谓的恐慌浪潮。他们坚信国家很快会救百姓于水火之中，成千上万名儿童很快会被带回伦敦。伍尔夫记录了八名撤离到苏塞克斯的巴特西妇女及其孩子间的争论。9月5日星期二，即宣战后第二天，部分撤离者已经返回伦敦。这一过程中，尽管动物发挥了重要作用，人们却视而不见。

如果将孩子带回伦敦的决定在某种程度上是出于对他们不在的遗憾或焦虑，那么对于被杀害的猫狗来说，这种回归显然是不可能的。在这些秋日，宠物和儿童命运与共。最初，媒体敦促父母写信给他们已经安全撤离的孩子，向孩子们解释家中宠物的遭遇。例如，《每日镜报》9月4日曾鼓励母亲给子女写信：

> 如果孩子们没带着宠物，请写信告诉他们是如何安置宠物的：是把它们送往住在乡村的朋友那里，还是其他安全的地方。许多孩子对宠物极具责任感，时刻担心它们的安危。

9月2日，《每日快报》刊登了一张已经安全撤离的儿童与其"临时父母"的合照。这表明孩子们正在"安顿",其中一个女孩紧紧搂着一只大黑猫,尤为显眼。

在德文郡,希尔夫人收留了一名从伦敦撤离的儿童和一只可爱的萨摩耶犬奥拉夫(和挪威国王同名),它的前女主人被征召入伍。奥拉夫、小男孩和希尔夫人一起合影留念。尽管此后历史学家忽视了儿童和动物之间的关系,但根据对疏散到剑桥的伦敦儿童的重要调查显示,当时他们十分关心宠物的处境。苏珊·艾萨克斯在导言中评论道:"爱护家庭成员,会让他们不禁喜形于色,体会到生命的价值。她继续解释,因为这种需求根深蒂固,所以孩子们迅速返回家中,即使这一行为违反了"自我保护法、公众的强烈呼吁以及政府的意愿"。尽管艾萨克斯口中的家人并不明确包括宠物,但受访儿童的反馈无疑证实了他们对宠物的关心。他们从伦敦北部伊斯灵顿和托特纳姆两个平民地区撤离。这些孩子被要求在半小时内写一篇文章,诸如自己喜欢的剑桥,或想念家里的什么,但不能写取悦老师的奉承话。对男孩而言,排名第12位喜欢的是剑桥的农场动物,第15位是宠物。与之不同的是,女孩们更想念伦敦家里的宠物。"家养宠物"在女孩的"想念"列表中排名第三,在男孩的列表中则排名第八。因此9月初,把宠物与家联系在一起,并非大众媒体的虚构故事。孩子们始终怀念与宠物在一起的经历和日常,一位13岁的男孩写道:"我很想念我的狗和猫,也很怀念周五、周六、周一我们一起看电影的时光。"另一位六岁的

第 4 章 "虚假战争"

小男孩注意到剑桥的动物,并告诉抄写员:

> 他喜欢看鸭子在河边游来游去,但不喜欢看见公牛被带进屠宰场,他住在屠宰场隔壁,所以可以清晰地听见宰杀牛的枪声。他或许很快会回到托特纳姆,但他更喜欢剑桥。

动物保护主义者艾丽丝·格里芬的作品同样反映了小男孩与"农场动物"的类似矛盾关系。当时她从伦敦南部码头疏散到威尔士希尔曼哈伦农场,与这些农场动物朝夕相处。她看见"汤姆叔叔"带枪外出,很快她便明白了:

> 汤姆解释说,可爱的老牧羊犬耐莉生病了,我们必须帮它脱离苦海。说完他便离开房间,把枪放回柜子里,迟迟未归。如果动物无法为人类付出,它们便失去了存在价值;而宠物是不会明白的。

对于撤离者而言,动物成为他们不可或缺的记忆。在艾萨克斯的研究中,陪同受访儿童的伦敦教师也接受了采访,其中一位教师认为,应该将孩子安置在营地或临时收容所,而不是私人住宅。如此一来,还需要准备饲养宠物的设施。另一位教师说,每位撤离者都很想念自己的宠物,但在人口密集的学校里不可能养宠物。如果能在农场或"临时父母"的住处发现动物的话，那么猫狗也很有可能被留下，同时代表那里并未遭受战争的破坏。正如吉尔·瓦茨所描述的，她和弟弟从伦敦市中心伯蒙西疏散到特丁顿祖父母的住处；对于"战争中的流离失所者"而言，动物显得尤为重要：

> 那里有灰色的英国牧羊犬丁克和金丝雀乔伊，梳妆台旁有一张破旧的大床。祖父总是把金丝雀拿给祖母，嘴里不停地喊着乔伊、乔伊。夏天祖父把它挂在院子里晒晒太阳、唱唱歌；冬天挂在室内，大把大把地喂种子。祖父说，这让他想起了在国外当水手的日子。

这样的故事中，动物在日常生活中既发挥了积极作用，又会产生消极影响。重要的是，动物的死亡在孩子们的脑海中挥之不去。其中一位受访者年仅八岁，他是木匠的儿子，似乎患有智力缺陷。他在文章中写道："我喜欢我的狗，我喜欢我的猫。我喜欢祖母养的狗，它死了，祖母没有哭。我把它埋了，另一只狗跑来把坟墓弄塌了。"心理分析学家多萝西·伯林厄姆和安娜·弗洛伊德观察发现，人们在战争时期既视宠物为家人，有时又会忽视它们。1942年，他们分析了居住在埃塞克斯郡切姆斯福德附近寄宿托儿所的伦敦撤离者和欧洲大陆的难民儿童，这项工作意义重大，因为此次研究揭示了"正常儿童脆弱的情感生活"。这一切都归咎于残酷无情的战争，它破坏了孩子们的正常生活。伯林厄姆和弗洛伊德指出，尽管当下流离失所，但"家"始终是所有孩子的最终归宿。精神分析学家还表示，家养宠物与其他家庭成员一起遭受轰炸，命运与共。正如一个小孩后来的解释："我和妈妈躲在桌子下面，可怜的妹妹还躺在床上，身上全是石头，也顾不得猫咪了。"动物以不同的方式出现在疏散儿童的生活中，它们也被安排专门疏散。

人们认为动物和儿童都是家庭的重要成员，因此不难发现，能够安全撤离的家庭往往会带上宠物，并不会杀死它们。基尔希一家住在斯蒂芬，他们带着宠物猫布莱克坐火车前往海威科姆。布莱克在旅途中安然无恙，但在到达目的地时，它却跳下了火车，消失得无影无踪，女儿西尔维娅忧心忡忡。

与全家人一起被安全疏散到米德兰的猫则更加幸运。尽管到达时还没有准备好住处，但好在一家人平安无事。他们暂时待在当地电影院，直到住房安排妥当。有一户家庭向希林顿的英国皇家防止虐待动物协会检察长提出以下请求：当他们的宠物狗和伦敦南部的肯宁顿平民一起撤离时，拜托检察长"暂时照料"它。人们还注意到，一位妇女满脸疲倦，在前往德文郡拜德福德的火车上颤颤巍巍地站了六个小时，"怀里抱着一只肥大的黑猫，它似乎有些焦虑不安"。

宠物和孩子一样，在被转移到新地方后会感觉不适。动物慈善机构采取过诸多"官方行动"，例如之前提及的动物保护协会和可敬的汉密尔顿公爵夫人尼娜。理查森上校在"一战"期间专为训练狗而建立了哈克布里奇犬舍，之后其被改造成宠物狗"临时"收容所。正如苏格兰场普林指挥官所言，国家兽医药房编制了动物可用住所清单，所有动物慈善协会"表示为了更好地服务动物，愿意竭尽全力登记、收集、贴标签、运送和为撤离伦敦的动物安排住处"。猫咪保护联盟表示，如果协会成员愿意负责接送猫，那其同意将猫运送到临时或"战时收容所"。兰开夏郡博尔顿丽都电影院的伯纳德先生为疏散的 900 只动物安排了住处。20 世纪 30 年代早期，尾巴战士俱乐部满怀激情地登记了国内近 50 万只狗，面对成堆的请求收容的申请信件早已不堪重负。其中有一封信特别提到了伦敦北部的爱猫人士巴内特小姐，她为 22 只被疏散的猫成功找到住处，并免费为其发放项圈和身份牌，这样它们就成了尾巴战士俱乐部的成员。流浪动物也会被交给陌生人，例如，伦敦虎皮鹦鹉乔伊在牛津郡沃林福德被安妮·布莱克伍德收留。乔伊很聪明，它自己打开笼子飞走了，再也不见踪影。安妮毫不气馁，她又收留了一只伦敦约克郡梗犬皮克尔斯。它虽幸免于难，却被主人抛弃。一只名叫蕾伴柔的猫走进布鲁斯·劳埃德–琼斯私人收容所，它身上贴着卡片"请好心收留我，我叫蕾伴柔"。由于收容所空间有限，劳埃德–琼斯打算为它实施安乐死，但当它睡在死亡箱里时，劳埃德–琼斯实在于心不忍，便打消了这个念头。就这样，蕾伴柔陪他生活了 14 年，就连乘坐公共交通也形影不离。临时住所遍布全国各地，为惨遭主人抛弃的宠物提供住处。

虽然有些安排带有商业性质，但其中大多数设施都是动物爱好者免费提供的。生活在不同阶层家庭的动物都有机会撤离，安乐死并非最后的退路，还有其他选择。

正如上文所述，尽管我已表明动物同人类一样会受断电影响，动物同儿童一样都会被安全撤离，但并不意味着关注动物仅仅是为了丰富现有的"人民战争"叙事。20世纪80年代，一些历史学家用心良苦，尝试着将"女性"话题融入当下的劳工运动史，这正是我想借鉴的方法。也有人认为性别叙事会挑战并破坏现存记录。同样，我认为动物的存在不仅证实"二战"不只是"人民战争"，动物也是不可或缺的亲历者，它们对全面战争的反应非常重要。动物不仅仅是人类活动的附属品，其行为方式也在改变人类的行为。说起闪电战，人们脑海中不自觉地出现以下画面：庇护所人满为患，人们对食物配给怨声载道，为了胜利挖花坛种蔬菜……承认动物在战争期间发挥了积极作用意味着英国人民集体失忆，选择性记忆人类的个体行为。据后来的战时报道："当炸弹降落时，我发现猫会躲起来，然后扭动着走到安全区域，似乎它们可以感知到轰炸。"

一些历史学家认为动物的作用属于"动物和历史问题"。例如，布兰茨认为这些作用能够直接改造人类结构，这显然会将动物排除在外。当然，这种定义回避了正在讨论的历史问题性质。例如，分析家庭生活可以很轻易地将特定动物归为历史因素，其中可能包括家庭结构、日常生活、社交活动安排、犬类友谊和人际关系。轰炸期间，动物的许多行为都会影响自己和人类。例如，它们听到空袭的炮轰声后不一定会逃离房屋，而可能在人类视线范围内跑动。动物研究领域的其他人并不关注它们的战时作用。因此，苏·唐纳森和威尔·凯姆利卡证实了动物的行为具有提示功能："动物可拒绝，也可接受和人类同居……而人类可选择让它们独自生活，或让它们捕猎、繁殖，以满足人类的需求和欲望。如果我们不再干预动物，人类—动物的关系也将基本终止。"人类正以不同方式被动物训练，通过观察和理解动物的行为，有利于保障自身和动物的安全。在此之前，有人已经认识到动物的特殊功能。因此，人们越发认同"狗通人性"一说，如果形容狗是"人类的忠实伙伴，人类的感情寄托"，这的确算得上是一种高度赞扬。但是，仍然有人质疑宠物狗和猫能利用其灵敏的嗅觉指引路线，或辨别特定的声音（狗哨声除外）。战争丝毫没有削弱猫和狗的特殊技能，反而凸显了它们对动物自身和人类的重要性。人们开始注意并重视不同的动物特征，动物利用其特殊技能自我保护，同时也帮助了人类和其他动物伙伴。

"9月大屠杀"反击战

1939年9月发生的一系列事件：宠物大屠杀、大撤离、灯火管制及日常生活的改变，无不表明用"虚假"一词形容动物

第 4 章 "虚假战争"

的战时存在有失偏颇。"9月大屠杀"之后数周,公民、政客和政府部门纷纷表态。有动物杂志指出,"许多人为自己的鲁莽和草率追悔莫及,于是重新领养了新宠物";还有出版物曾报道,"不少人为自己因意志不坚定而轻易杀害忠实伙伴的行为悔不当初"。1939年9月中旬,"虫疫"肆虐,当局"恳请人们尽最大努力饲养宠物"。对于作家丁尼生·杰西来说,战争初期人们昼夜不停地杀害宠物,导致她很难领养到一只猫,但她的公寓里老鼠泛滥成灾,因此她决定:

……收养一只弃猫,随即拨通了英国皇家防止虐待动物协会的电话。

我说:"我想和您聊聊猫。"

对面传来不耐烦的声音:"噢,是吗,你也想销毁猫吧。"

"说什么呢,"我喊道,"我想养只猫。"

"什么!你想领养猫?无论如何,请别挂电话。"

就这样,莫夫走进了她的生活。1939年12月,伦敦境内迫切需要小猫,它们的价格也随之涨了上去。考克斯的丈夫却不以为然,他说:"我们家小猫鲍勃可以租出去捕鼠。"

一位兽医在《诺福克东方日报》上撰文表达其同事的观点,"当务之急是防止动物在街道上乱跑……人们无缘无故地杀死宠物,这太可怕了。"政府成立空袭预防动物委员会旨在"阻止人道销毁动物"，其首席执行官罗伯特·斯托迪上校如是叙述9月份的状况："尽管我们竭尽全力阻止悲剧，仍有成千上万只动物被实行安乐死，其中许多动物还是珍贵品种。除了贫民，其中不乏许多富人选择了人道销毁。"在内政部文件中保存的斯托迪报告的空白处，一位匿名公务员用铅笔写下了"75万"这一数字。人们在1940年前数月反思了9月上旬的国家情况，历史学家菲利普·齐格勒由此总结道："直到1940年春天，许多宠物主人开始忏悔战争初期发生的宠物大屠杀。""二战"前期的"虚假战争"并不虚假，它是全面战争的序幕，"屠杀""牺牲"和"可避免的"等字眼无疑更符合当时的状况。这种忏悔也有助于解释处于全面战争边缘的国家集体失忆症——因为悔恨而选择忘记。1940年春天，动物—人类的关系将进入一个新阶段。

敦刻尔克事件的"另一面"

人们通常认为战争第一阶段结束的标志，不是死于轰炸的设得兰群岛兔子，而是1939年11月战争后方死于敌军破坏行动的第一个人。尽管1940年5月纳粹德国对英国发动大规模空袭，但英国远征军因军事失败导致的敦刻尔克大撤退，标志着"虚假战争"结束。总而言之，1940年5月，法国遭受纳粹入侵，英军被迫退到敦刻尔克海岸。截至5月26日，约有2.8万名英国非战斗人员撤离到英国东南部港口多佛，但仍有 30 多万人被困在敦刻尔克，无法脱身。尽管此时英法联军在敦刻尔克地区三面受敌，一面临海，九死一生，但数十万士兵突出重围，安全撤退。然而，这场军事失败却被神化为"敦刻尔克奇迹"，部分原因是"加图式"的新闻手段，将其誉为"普通人"对抗外来势力的胜利。媒体重点宣传协助英法联军撤退的是"小型

图 4.1 从敦刻尔克安全撤离的最后一只狗。

船只",而不是海军舰艇。尽管新首相丘吉尔在下议院发表演讲时强调"战争不是靠撤离来取胜",并将敦刻尔克撤退视为一场军事灾难,但在当时及后来的大众记忆中,这被认作神圣的时刻,彰显了攻坚克难、坚韧不拔的优良品质。尤其称赞联军"迎难而上",更是颠覆了以往的叙述:这场"虚假战争"为谁而战?迄今为止,英国人民坚信"人民战争"的主角只有人类。事实并非如此。动物,尤其是狗,在敦刻尔克记忆中占据着重要地位。

在法国海滩遭遇低空扫射时,流浪狗陪着人们一起等待救援。虽然人们的记忆和现代记述中并未提及这些流浪狗,但它们的确是重要参与者,也是这些事件不可或缺的部分。事实上,流浪狗被带回法国,但许多士兵急于将它们遣返。因此,弗朗西斯·帕特里奇记录了迪克·伦德尔上校在英国南海岸海滩上的故事。当时他正在接收撤离人员,需要做好准备区分丧生者和生还者:

> 周围笼罩着恐怖气氛……迪克看见有人在海滩上做笼子。
> "这是用来干什么的?"他问道。
> "用来关狗的。"
> "什么狗?"
> "士兵们带回来的法国流浪狗。"
> "如何处置呢?"

第 4 章 "虚假战争"

"先给它们详细标记救援人员的姓名和电话,然后送去检疫。"

英国皇家防止虐待动物协会也讲述了一个类似的故事:身陷战争的恐怖之中,人类的同情心泛滥,以文明行为对抗野蛮行径。该组织认为,犬类之所以如此依恋撤退部队,是因为"人类的仁慈心"。在这种情况下,它们应该寻求人类庇护。在这种情况下,人性的本质及其与兽性的区别,在最近的记录中得到了不同的表达:

面对手无缚鸡之力的无辜难民,纳粹德军毫无人性地踩踏他们。我们曾目睹人、马和车被炸上天,令人毛骨悚然;有人被无情肢解,有人被炸成碎片,场面血腥无比……面对眼前这些流浪动物,纳粹德军更是穷凶极恶地践踏它们,他们本可以痛快地直接枪杀它们,却选择炮轰直至炸开它们的内脏。但是我们没办法停下来给伤员进行急救。这简直是赤裸裸的谋杀。

皇家陆军医疗队的其他士兵"设法说服医生给我们一些缝合材料,我们试图为奶牛缝合伤口……其中一两头奶牛痛得,哞哞,叫……这是很值得做的事情"。具有讽刺意味的是,在如此极端的情况下,作为动物意味着有更好的方法可以缓解疼痛——即使可能是死亡。

正如1939年9月发生的一系列事件所表明的那样，尽管身处绝境，人类与宠物从来都是相互依存的。小狗布莱克因大声叫唤提醒人类同伴小心敌人而被枪杀，"该死的蠢货！敌人就在这，它居然还敢通风报信！"陪伴布莱克的士兵后来解释说："当时我的心都碎了，因为我和布莱克已经成为好朋友。"当然，也有一些狗得以幸存，这证明了皇家防止虐待动物协会和伦德尔所说的人类富有同情心。因此，一条只懂法语的杂交猎犬被"带到教区服务"，教区牧师是一名副中尉的父亲。一名皇家海军救援人员曾六次出海营救被困部队，有一次，"他在敦刻尔克的废墟中援救了一位特殊的被困者——流浪猫"。他把猫裹在外套里，然后偷偷带回英国，"自此这只猫成为家人们的掌上明珠"，生活得好不惬意。但在当时的敦刻尔克，并非所有的动物—人类关系都很友好，据皇家海军水手回忆宪兵的态度：

当士兵们手拎着流浪狗向我们靠近时，我们心里很是难过。只见宪兵们正向它们开枪，随后将它们扔进海港。砰，啪，砰，啪……宪兵们每开一枪，每扔一次，都会引来货船上的水手的一片嘘声。我们不明白为什么要这么做，为什么不把这些狗带回英国。

当然，并非所有的狗都会被带去牧师住所。肯特郡海岸国民军的罗德尼·福斯特注意到,"每隔几分钟,就有一列载着士兵的火车飞驰而过",并且含糊不清地说:"随军而来的几十只狗无一幸免,全是皇家防止虐待动物协会检查员的'功劳'。"

《历史罪人》一书主要讲述了发生在敦刻尔克大撤退期间的"美好"故事,丝毫没有提及任何动物。事实上动物是重要的参与者,它们的存在无疑打乱了人们对这一事件的记忆,这让我们不由怀疑,"人民战争"时期,人们或者至少宪兵是否真的友善对待犬类。将动物写进"二战"史实,并没有完善敦刻尔克的故事,而是削弱了将这一军事灾难构建为军事成就的叙事。

历史学家艾米·海伦·贝尔坚称"闪电战是对国民士气的第一次考验"。对此,我不敢苟同。如果我们承认对动物犯下的罪行,那么1940年9月之前,人们的"士气"就曾受到多次考验。当然,通过观察一个国家在战争前期对待动物的态度可知,人类文明已经遭遇严峻考验。但随着战争局势愈演愈烈,人们不只对早期的"9月暴行"感到遗憾(或震惊),同时在全面战争的共同经历基础上建立起了新型跨物种关系。

第 5 章

战时饮食

当时下着雪,她们手拿购物袋,为买猫粮排长队!脸上洋溢着笑容,如同在为自己购买晚餐一样。

第 5 章 战时饮食

上一章讲到敦刻尔克撤退时期人类忽视动物的存在，也开始探索如何在战争环境中拉近与动物的关系。本章主要探讨战争前线中动物与人类的某些共同特征。显然，人类和宠物都需要食物才能生存，但战争改变了这一基本生活需求。如前所述，猫狗会食用宠物粮食，也会吃人类的残羹冷炙。但在战争期间，动物和人类的饮食开始改变，最终使得两者拥有了跨物种共同经历。

战时动物和人类饮食的变化

在战争期间，关于人类和动物的战时食物供应有很多种观点，尤其是从 1940 年 1 月开始对人类的食物实行定量配给之后（宠物食物还未实行）。对人类食用的肉类实行定量配给后，议会随即研讨针对宠物狗的具体饮食规定。面对层出不穷的质疑声，时任粮食大臣威廉·莫里森提出以下建议：肉贩可从批发分销库选取不适合人类食用的"内脏"，并将其出售给宠物主人；也可以提供其他牲畜饲料"副产品"作为宠物食物。然而，少将阿尔弗雷德·诺克斯爵士担心乡村地区难以获取这些食物，表示粮食大臣"实则是在置它们于死地"。莫里森辩驳道："这并不会对任何一条狗造成生命威胁。"确实，犬类依靠这些食物能勉强过活。宠物狗的专用饼干也并未停产，只是使用的原材料谷物含量少、面粉质量差。据"大众观察"调查报告显示，即使狗食饼干工厂斯普拉特斯被炸毁，其他经销商同样能为客户供应食物。猫粮也在继续生产，分为罐装和袋装两种。以前猫粮和狗粮的年产量约为1500万罐，现在使用玻璃瓶子包装，每周定量出售约30万份。换言之，虽然战争环境改变了食物包装，但动物的散装食品规定没有任何变化。尽管皇家防止虐待动物协会认为这类食物仍可继续供猫狗食用，但告诫人们不要过度使用富含淀粉的不健康食物；提倡将买来的熟食和汤或自制的肉汁搅拌给宠物吃。但是，它们食用家禽或兔子熬制的骨头汤也有潜在危险，"除非将骨头敲碎成粉末状，否则不宜投喂"。国家空袭预防动物委员会也为猫和狗制定了食谱，例如适合宠物狗的熟米饭、黄油豆泥和蔬菜；适合宠物猫的沙丁鱼油、烟熏鱼肉和白鲑鱼尾。该委员会建议用土豆皮、胡萝卜和芜菁片为狗烘焙蛋糕；将面包碎屑涂满马麦酱，烘焙一小时，冷却后切成片，然后给猫吃。调理粉也很有用。皇家防止虐待动物协会鼓励狗食用凝固的牛血和"其他残留的畜体"，如煮熟的气管或肺。国家犬科保护联盟曾提醒人们，动物内脏、马肉及骨头都可用来喂狗。"猫狗专食肉"是指老马肉，正如维尔·霍奇森所说："诺丁山门的猫狗专食肉铺门庭若市，女士们带着穿戴整齐的宠物猫前去购买肉排，每每售罄，场面尤为壮观。"烤肝

第 5 章 战时饮食

图 5.1 保持猫的身体健康（伦敦收藏杂志，主教学院）。

和猫狗专食肉可从不同经销商处购买，马匹屠夫兼马车商行老板哈里森·巴伯会以每磅六便士的价格出售马肉，但"无法保证送达时的新鲜程度"。切尔西庄园街新开了一家肉铺，"毫不低调"地名为"欧洲大陆肉铺"，名义上是出售人能食用的肉类，实则出售猫狗专食肉。刚开业时生意无比惨淡，没过多久，人们便纷至沓来，甚至在店铺门口排起了队。西奥多拉·菲茨吉本的宠物狗很重视自己的饮食，于是它便自己跑去了切尔西地区的猪圈，还去了当地的工作坊，在那儿一位老人喂它吃面包皮，"我想它可能是他唯一的朋友"。在酒吧里，这只狗尝到了最爱的竹芋饼干，并喝了烟灰缸里的一滴健力士黑啤。

当然，动物慈善机构的建议和创意食谱并没有详述动物的饮食，我们须从别处入手，方能一探究竟。从日记和回忆录中可知，和人类一样，宠物猫和狗的口味不尽相同。例如，小橘猫杜德不幸遭遇轰炸，而后不见踪影。被发现时，它表现得尤为安静，"一直张着嘴，却没有声音"，这一切归咎于创伤。有一次，有人给了小杜德"一些切成块的黑香肠，很是诱人，但是并不奏效。只见它一如往常呆呆地盯着，表情像是在表达'这要是在家里，我或许会吃'"。"将小杜德培养成素食主义者的计划宣告失败，实在令人郁闷。"然而另一回，给它基特凯特猫食罐头时，"它竟像是在享受饕餮盛宴一般开始狼吞虎咽"。克里斯·斯莱登一家住在斯温顿，他们的宠物猫在战争期间通常和家人共享肉食、鱼类和家禽的边角料。当时斯莱登还很年幼，他认为战争时期养猫是因为孩子们喜欢宠物，当然也是为了消灭老鼠，尽管"宠物猫对老鼠没有任何威慑作用"。宠物猫十分喜爱兔肉和专门从马克菲舍利市场购买的绿青鳕。"母亲是皇家防止虐待动物协会的家禽销售商，为人善良又热心。即使曾当场发现马克菲舍利市场经理偷偷给活禽拔毛，她仍会在他那购买绿青鳕和其他鱼类，事实上也别无他选。"为了描述有时很难买到鱼，只能把一些不新鲜的小鳕鱼带回家，考克斯写道，比林斯盖特鱼类批发市场声称这是对鱼来说"最糟糕的一天"。为了强调这一点，第二天市场上全是"岩鳗"，宠物猫鲍勃却很排斥，所以它主要食用甜炼乳。尽管尝遍各种鱼类，如牙鳕、鲱鱼，鲍勃似乎更喜欢每周购买的兔肉，而对鱼感到厌倦。同样，兰登家的宠物猫也更喜欢兔肉而不喜欢鱼，"猫对鱼早已兴致索然"。其中一只名叫佩克尔的猫对其他食物同样不屑一顾："花费六便士从屠夫那买的半磅宠物食品，佩克尔视若无睹，丝毫不感兴趣，真是个挑剔的家伙！"

为了谁排队购物？

伊芙琳·邓巴是战争艺术家咨询委员会成员，她的画作《鱼店门前的长队》显然取材于对肯特郡罗切斯特市附近斯特罗德的观察，值得玩味。该画现藏于帝国战争博物馆。评论家们注意到，画作中她的丈夫罗杰·福莱身穿英国皇家空军制服，她的姐姐正在过马路。人们没有注意到画中的狗，而观察到了猫，这只猫"对鱼店兴致盎然"。但有充分的证据表明，它很喜欢鱼，而且还能品尝到。女人们通常会像对待家人一样，花费大量时间为宠物排队购买食物。霍奇森观察到女人们不厌其烦地排队买猫粮："当时下着雪，她们手拿购物袋，为买猫粮排长队！脸上洋溢着笑容，如同在为自己购买晚餐一样。"人们"排了数小时的队"买宠物粮食，只为帮助劳埃德-琼斯照顾战时"疏散避难所"里的动物，那儿约有 200 只猫和狗，还有猴子、山羊、两头驴和一匹马。他们会带去饼干、牛油方块、猫狗专食肉和残羹剩饭。

　　人类不辞辛劳地为动物排队购买非定量配给食品的做法不仅模糊了阶级界限，而且打破了动物和人类的界限。尽管公务员们发现部分商店出售可供人类食用的马肉，但宠物狗主人还是会将其买回家喂宠物。小说家西奥多拉·菲茨吉本表示，她购买的马肉和鲸鱼肉可供自己与宠物狗食用。考克斯说自己在鱼贩店外排队 45 分钟，却被告知鱼已售罄，但好在最终买到了一条小鳕鱼和四条鲱鱼。此外，她详细讲述了某一天为猫鲍勃找食物的过程。考克斯表示，在"储藏室里已经没有任何可用食材"的情况下，她和伦敦西北部所有中产阶级妇女一样，机智地拨打马克菲舍利公司的电话，但该公司并不承接送货业务；西区巷的琼斯鱼铺也已经打烊。因此，在牛津广场与丈夫吃完午餐后，她前往塞尔弗里奇购买了海鳗作为晚餐食材；与此同时，她的丈夫在汉普斯特德买了一条小鳕鱼。尽管鳗鱼是为人类准备的，"但鲍勃也很爱吃，所以绝大部分都给了它"。

动物和人类共享食物

分配给动物或人类的食物同样需要等待，并且人类和动物的食物种类没有明确区分，从某种程度而言，两者之间也可互换。将人类和动物的食物进行私人交换对双方都有利。例如兰登用斯普拉特的猫粮交换四分之一磅的茶；一位阿姨用宠物猫吃的兔肉换取人食用的蛋糕。伦敦南区的宠物狗吉普很爱吃"大象城堡"肉店里定量出售的鲸鱼肉，然而，小主人说："吉普最爱的'鲸鱼肉'就像牛排一样……如假包换。"这表明吉普和人类共享同一种食物。即使肉铺老板会给宠物狗一些骨头，但它们并没有吃过，因为这些骨头都被女人们烹饪好端上人类的饭桌，"你会为狗向肉铺索取骨头，但吉普却常常吃不到，因为妈妈会用来炖汤"。其他家庭也会这么做。通过"交换食物"，人类和他们的宠物都从中获益。例如，拉斯特的朋友认为干火鸡翅有益于宠物狗的健康，于是便给了她一些。但拉斯特知道宠物不宜吃碎骨，所以她用碎骨炖了菜，端上了自己的餐桌。她还有一只年长的狗索尔，总爱吃剩饭剩菜、干烤饼、面包和黄油。但当它咳嗽病倒时，拉斯特给了它一些罐装鲑鱼，"它一闻味道便起了兴致，于是我们一起分享了鲑鱼罐头。还留了一点明天用来做蒸馍，搭配打好的鸡蛋和面包屑制作下午茶"。还有一回，考克斯邀请朋友共进午餐，朋友问她是否可以将牛尾骨打包给家里"嗷嗷待哺的宠物狗"吃。考克斯当然同意，还包了一碗汤给"可怜的动物"。更奢侈的是，格拉斯哥犬丹迪每天享用专供动物食用的肝脏、涂有黄油的狗饼干和一块吉百利牛奶巧克力。丹迪主人的同事已经厌倦了每天听到丹迪的食谱，他表示"满足丹迪的饮食需求是头等大事"。

有时，这种共享食物的做法也会引发一些难题，至少对人类是如此。有这样一个故事："马肉店一早便排起了长队，我前面的一位可怜老妇人感到不好意思，闭口不提是给自己买马肉，谎称'我不是买给自己，你知道这是给猫的'，肉铺老板并没有卖给她。不管别人怎么想，我们拿着马肉走了，猫也能分到一点。"人们继续为猫提供"人类"的食物，这让广告商们嗅到商机。当时针对人类的定量配给制还未实行，但在奇巧巧克力的广告中，一只宠物猫这样劝告人类："留好你的口粮，奇巧巧克力给我吧！"这激起了人类的同情心，"给予猫咪应有的待遇，不能一时兴起"，当然，也要将猫视为家庭成员。一位日记作者对这种"新面包"表现得不以为然，认为它"色相灰沉、寡淡无味、黏稠难咽"，"猫却出奇地钟爱它"。人与动物间分享食物，甚至像巧克力这样的"美食"，对于 21 世纪与宠物一起生活的我们而言可能不足为奇，却与当时处于战争时期的英国的状况格格不入。诸如排队为宠物购买食物或与其共享食物，而不是为自己储存生活必需品的日常行为正在发生变化。在某些方面，获取食物的过程似乎加强了动物与人类之间的联系。物资短缺拉近了人类和动物的距离，人类花费大量时间和精力为动物找寻食物似乎也有利于巩固这种关系。

尽管如此，但物种之间仍然存在饮食差异。因此，富人常常为其宠物准备非配给食物，如鲑鱼、螃蟹或牡蛎。1940年秋，闪电战进入高潮，商人霍尔曼记录了这一时期的饮食。就像战前一样，动物饮食由其发挥的特殊作用决定，并非以品种区分。自1941年11月起，政府定量供应牛奶，规定每个成年人每周可以喝两品脱牛奶（加上炼乳、奶粉或罐装牛奶），同时规定猫和狗只能在活体解剖实验室或动物医院内喝牛奶。一位日记作者气急败坏地回应道："这简直快把我逼疯了……这只猫骨瘦如柴，但它现在只能依靠早年囤积的脂肪过活。""仓库猫"虽然不与人类同住，但它们能保护存储的食粮免受老鼠糟蹋，所以它们可以继续喝牛奶。因此，动物的饮食区别更多地取决于狭隘的"战时贡献"，而不是动物和人类之间的物种差异。这种分化过程会给马带来问题，当之前的牧场被用于养牛或种植作物时，马只能被关在马厩里。据说农场里有干草和谷糠等非配给的饲料，但他们并不会喂给马吃。而那些在城镇里生活或工作的马却能吃到燕麦、豆类和麸皮。用于劳作和骑乘的马最初也都被纳入配给范围内，其中交通和货运用马拥有更高的配额。后来此项规定被修改了，以便"无法劳作的马"也能食用主人种植的谷物。由

图 5.2　期盼配给。

于"食用的干草过多，而谷物不足"，包括玛丽安娜在内的许多马儿身形好似弹簧一样，虚脱无力、松松垮垮。霍尔曼每天在海德公园慢骑，他会"带着一袋营养品"来到玛丽安娜所在的马厩。这儿的"仓库猫"也需要喂食，霍尔曼先"去马厩呼吸新鲜空气"，然后"喂猫"。因为这些"仓库猫"在为人类辛勤劳作，所以他带了牛奶犒劳它们。霍尔曼说："喂猫需要很长时间！"

跨物种饮食和政府职员

为了防止黑市交易，政府严格管制为供食用而屠宰动物的行为。同时也规定内脏"副产品"可用于生产牲畜饲料，或提供给肉铺老板作为狗食出售。由此一来，"欺诈"行为也随之出现。一只姜黄色小猫全身作痛、日渐消瘦,宠物猫主人将其归咎于兽医开的处方缺乏适量生肉,继而他便"从肉铺老板那骗取了几块肉,但他告诉我,我们可能会被判刑两年!我不知道A女士是如何为她的阿尔萨斯犬每天争取一磅肉的"。这种跨物种"安排"是由农业和粮食部的政府职员讨论商定的。显然,狗每年消耗约28万吨食物,人们认为这几乎都是不应该被浪费的"人类"粮食,或者应该用于饲养"能带来经济效益的动物"。但政府职员在工作时遇到一些困难,例如农业和粮食部要求"不得干涉狗的饮食",因此,"必须为其提供食物"。面对如此两难的状况,要么需要充足的专用和专利食品,要么"所有宠物狗主人只能选择补贴食品,如面包、燕麦,有时也可用牛奶喂养其宠物;尽管法令规定……面粉和燕麦产品只限用于人类食物"。最终,实用主义占了上风。农业和粮食部的政府职员总结道,如果继续限制狗饼干制造商的原材料,"人们或许会用其他的人类食品代替它们"。大家一致认为,抱怨狗破坏食品供应不仅会引发不养狗人士和狗主人之间的矛盾,还会致使狗主人怨声载道。他们认为宠物狗任劳任怨地付出,最后只能吃残羹剩饭,于心何忍?

农业和粮食部的政府职员同样调查了猫的饮食状况。如果狗每年消耗了28万吨"人类"食物,那么猫每年至少消耗1800万加仑牛奶,这显然已经违反规定。但执法难度很大,"试图阻止猫的主人与猫分享牛奶简直是天方夜谭……退一万步讲，人们认为《浪费食物令》不应包括猫喝牛奶"。他们确实也是这么做的。让·露西·普拉特记录道，"每个成人每天只能得到半品脱牛奶，我一个人还能勉强应付；但对我的三只猫来说可远远不够，还没有牛奶布丁。"如此一来，她的猫会吃不消。过分干预家庭安排无异于纳粹行为，会打压士气。在这样的调查中，政府职员意识到动物在战争中发挥着重要作用，尤其能够维持士气，动物—人类关系的力量也越来越强大。

最近出版的一本关于黑市运作的书广受好评，马克·鲁德豪斯表示，人们遵守某些法律"不是因为受到胁迫或害怕胁迫，而是他们认为规章制度是必需且公平的"。尽管他在分析时没有考虑动物，但人们无视法规、恣意妄为，而政府职员却选择视而不见，更是纵容他们认为限制动物喂养是不"公平的"。动物和人类一同经历过全面战争，导致两者的饮食似乎逐渐趋同。这些限制影响着双方：无论法律是否允许，宠物主人依然与他们的宠物共享稀缺物资。

虎皮鹦鹉、野鸟和人类的理解

在战争中，受饮食变化和食物短缺影响最大的宠物不是猫和狗，而是虎皮鹦鹉和金丝雀。尽管皇家防止虐待动物协会为此付出了诸多努力，但人们普遍认为，猫狗食用的"常规"食物不适合笼中鸟，因为它们对饮食极为挑剔。久负盛名的英国

第5章 战时饮食

小动物兽医协会最近针对包括虎皮鹦鹉在内的鹦鹉饮食整理出一揽子建议，告诫人们切勿给鹦鹉喂食诸如葵花子之类的高脂肪种子。国家兽医药房和虎皮鹦鹉协会明确提出了21世纪如何饲养鹦鹉等笼中鸟类，强调应该购买未使用杀虫剂的根类蔬菜、绿色菜叶和水果；不建议将小米或种子作为主食，因为其中的高脂肪易导致肥胖。

遗憾的是，这种思维方式在战争期间并未普及。"异域"宠物全能专家弗兰克·芬恩表示，"虎皮鹦鹉几乎是理想型宠物鸟"。当然它们也备受人们喜爱。1939年12月，《泰晤士报》预测，英国有三四百万只虎皮鹦鹉。尽管人们十分注重绿色食品，随处可见的路边草也能作为鹦鹉的食物，但要连根拔起并注意卫生。芬恩还建议将加纳利籽作为冬季主食，并且规定每周只能吃三次小米。同时代的其他专家鼓励虎皮鹦鹉食用西班牙加纳利籽和白黍子时，也提到了绿色植物。

潜艇袭击直接影响了虎皮鹦鹉的安全与健康，海上袭击直接导致大西洋粮食运输中包括小米在内的种子供应急剧减少。于是，政府及时决定暂停进口鸟食，引发了爱鸟人士的强烈不满。得知富人们的赛马依然能有饲料供应后，他们更是满腹牢骚，正如一位议员所说：

> 据我所知，这是政府为富人的宠物、运动和娱乐提供的专项经费，而没有为贫民宠物提供任何服务。这似乎并非什

么大事，但对于十分珍视这些宠物的主人而言，政府的做法有失偏颇：既然能保证赛马的食物，为何无法维持其他饮食量更少的宠物的生计。

皇家防止虐待动物协会制定了备选方案，即鼓励人们自食其力种植种子，同时认识到"丰收与否在很大程度上取决于天气"，种子需要"阳光充沛、松软且排水良好的土壤……也只有在炎热干燥的夏季才能有好收成"。由此可见，种植作物需要天公作美以及充足的土地资源，缺一不可，但市区未必具备这样的条件。该协会的文献中有相关暗示，鼓励人们"充分利用一切机会去乡村收集和储存芭蕉、蒲公英、绉叶菊与鸡冠花种子"。尽管如此，人们并没有听从劝诫种植种子。他们认为："日常生活中收集到的种子可以满足数只金丝雀或虎皮鹦鹉的饮食需求，即便住在城区的居民也能在干燥天气收集到成熟的种子。"此外，宣传的注意事项表明，该协会在拟稿时也意识到这项任务很艰巨。

政府暂不进口鸟食对许多鸟类而言会是致命的打击。尽管当时伊恩·科尔曼还很年幼，无法记清生活在那里的鸟儿，但他能回忆起父母在萨里郡农村饲养虎皮鹦鹉的废弃鸟舍：

起初，父母只喂养了一对，但到开战时，已增加到十几只。第一只雄禽名叫乔伊，全身蓝色，很是亮眼。母亲有时

第 5 章　战时饮食

会提及它，但父亲只字未提。

战火不断蔓延，物资极其匮乏，家里再无多余的小米喂鸟。父亲加入英国皇家空军，母亲、姑母和祖父母在乡下四处找寻野生种子作为饲料，却收获寥寥。无奈之下，父亲决定找专业杀鸡的邻居来家里杀鸟。鸟舍仍像一座神殿一样矗立在那。只是战后，他们再也没有养鸟。

关于笼中鸟类死亡后人们哀悼的事例不胜枚举。正如战争中的另一个孩子写道："在我的印象中，父亲迫于缺乏食物的压力不得不杀死这些鸟，我想他是亲手拧断了它们的脖子，亲手终结了爱鸟的生命，这让他心里五味杂陈。即便战后父亲可以重新养鸟，但他再也没有勇气这么做。"

由于缺乏科学管控研究，即使是 21 世纪的专业兽医也无法精准确定某些鸟类所需的营养。可以说，倘若当时人们和福利主义者意识到这一点，在小块土地和花园里种植人类可食用的根茎蔬菜及绿叶蔬菜，即便不能满足所有营养需求，起码可以养活笼中的鸟类。鸟类的死亡归咎于人类缺乏对动物饮食需求的了解，当然宠物鸟的主人也不愿看到这种情况。

但据《泰晤士报》报道，伦敦动物园成功养活了园内 600 只鹦鹉、长尾鹦鹉、金刚鹦鹉和凤头鹦鹉，这是"大英帝国乃至全世界最珍贵的活体鹦鹉'馆藏'"。战争期间，一些忠实的虎皮鹦鹉爱好者排除万难继续助力鸟类繁殖。莱斯·马丁于 20

世纪 40 年代起便开始饲养鹦鹉,他的经验之谈是如何有效地获取小米:

> 我们在战争期间无法获取种子,所以只能勉强延续虎皮鹦鹉的血统。我们绞尽脑汁从脱粒机上拾落穗,去乡村找种子,甚至还有参战士兵用工具包从摩洛哥等地带回种子。

虎皮鹦鹉协会的一位前会员将自己的大花园"改种小米,并通过临时配给制将小米出售给布莱克浦城的老客户"。乔治·奥威尔向来不赞成领养动物,他表示对于那些负担得起的人,"即使在大城市的贫困地区,禽食商店也会以每品脱 25 先令的价格出售加纳利籽"。

家禽专用食品开始定量配给时,为下蛋或食用而饲养的禽类状况会好一些。因此,戴安娜·库珀将煮熟的下脚料与定量配给的食物混合喂养母鸡;而后这些鸡蛋又会被出售给递送蛋壳配给券和下脚料的人。还有人会去海边捡拾蚶子喂母鸡,或用胡萝卜和面包屑混制成"玉米"。它们一见我手拿绿色的东西便会猛冲过来,眼里写满了"渴望"二字。这类家禽在乡村和城镇都很常见。斯蒂芬的某个后院中,有一只名叫寇奇的罗得岛红公鸡与一群母鸡生活在一起。在一次特别专访中,红公鸡的主人一脸骄傲地向伦敦民防局职员斯科特展示寇奇。不幸的是,它命不久矣,"已经找不到食物喂它们了"。这表明鸡蛋比鸡肉更有价值。

违反粮食规定的影响

战争后期，时常发生起诉饲养野生禽鸟事件，一切源于1940年8月颁布的《浪费食物令》。确切地说，正如国家农业和粮食部职员先前所述，该法令不禁止饲养宠物。皇家防止虐待动物协会认为有必要对此做出回应，驳斥新闻媒体上的危言耸听和断章取义——这至少会令部分动物饲养者感到恐慌。该慈善机构明确指出，"没有任何法庭认为用人类的食物适量喂养宠物是浪费行为"。此外，该协会建议人们使用现有的人类食物替代品，同时说道："不要因为好心人告诉你喂宠物吃残羹剩饭会受惩罚，就不给宠物吃。"值得注意的是，这里所提供建议（包括法律建议）的对象主要是宠物，即与人们一同生活及"闭门"喂养的动物，对野生或流浪动物则只字未提。

许多人却并未严格遵守规定。因此，霍奇森写道："我坐在海德公园阿尔伯特纪念馆附近的咖啡馆，这时麻雀飞到手边，像是在乞求食物。我很担心粮食大臣伍尔顿勋爵突然从灌木丛后冒出来，吓走它们，但好在他没有。谁能拒绝落在手中的可爱麻雀呢？"然而，住在伦敦北部巴内特的玛丽·布里吉特·奥沙利文女士因允许浪费面包而被罚款10英镑，她的仆人佩西小姐也因"浪费面包"而被判罚20便士。有人曾两次看到佩西在花园里给鸟儿喂面包，奥沙利文女士也承认每天都会这么做，她说："我不能让鸟儿挨饿。"起诉的关键并不是因为投喂动物这一行为，而是动物的地位让人气愤。更离奇的是，餐饮服务商乔·莱昂斯竟因"允许老鼠"吃哈默史密斯总部厨房里发现的残渣而被起诉。区别对待宠物和"野生"动物的行为在农村同样屡见不鲜，人们为捕杀麻雀而专门成立了麻雀俱乐部。每捕杀一只麻雀并有尸体证明，就可获得半便士或一便士奖励。1918年，虫害肆虐，麻雀俱乐部奋勇当先消灭了虫害，但人们似乎好了伤疤忘了疼，如今杀害昆虫天敌，只会让虫害卷土重来。对此，英国皇家鸟类保护协会在儿童课程中明确反对这种做法，并指出，如果看见鸟类出现在农作物中便想当然地以为"它们一定在作恶"，简直"大错特错"。据观察表明，鸟儿们其实是在消灭害虫。它们竭尽所能为人类作贡献，却多次遭遇专栏作家的攻击。这些抨击者和纳粹头目没什么两样，"野蛮残暴，欺软怕硬"，他们阻碍"我们战时求生"，阻碍"鸟类竭力付出"。

人类和动物的饮食确实因战争造成的食物奇缺而发生变化，但对动物，尤其是猫和狗的饮食而言，影响并不大，部分原因是粮食供应相对充足。1942年1月，普拉特在日记中如是写道：

和过去一样，英国仍是欧洲生活质量最高的国家。每周都会有黄油、奶油、食用油、奶酪、培根、糖和茶供应，罐装豆类、胡萝卜、汤及面包也是应有尽有……肉食比较稀缺，但有香肠肉和腌牛肉作为替代品；鲜鱼和咸鱼售价合理，货源充足。

在某一特定地区遭到轰炸后，人们还会喂养废墟里流离失所的动物。据一名救援人员所说："我发现大多数贫民都会把仅剩的面包皮留给他们的猫或狗。70多岁的老太太把我叫进房间，原来她一直养着好几只流浪猫。"动物慈善机构也会定期喂养这些猫。坎特伯雷市遭遇突袭后，皇家防止虐待动物协会一名高级职员报告说："废墟周围仍然有很多猫，我每天都会给它们喂食物，直到联系上它们的主人。"战争全面爆发，意味着人类和动物会经常吃到与往日不同的食物，表明动物与人类之间的饮食差距正在缩小。

第 6 章

界限模糊：谁离不开谁？

"我们朝夕相处了六年，我已经离不开它了……我不喜欢
庇护所，因为我有哮喘，所以我从不去那，
而是和我的老伙计相依为命。"

第6章 界限模糊：谁离不开谁？

上一章中，我们探讨了跨物种饮食模糊了动物与人类之间的界限。本章将探讨各类新建设施对动物和人类的影响。为应对空袭，政府尽其所能建设各种避难场所。例如，由后花园改建而成的安德森庇护所，由嵌入式的拱形波纹铁板组成；由不带花园的住宅改造的墨里森庇护所，像是一个大笼子，可以保护人们免受砖石砸伤。还有专为部分当地人而建的公共庇护所，由砖墙砌合而成，通常位于街道中央。后来一到晚上，人们纷纷涌入伦敦地铁站避难；空袭期间，高档旅馆的地下室也成了旅客避难处。

小区公共庇护所禁止携带动物。鉴于大多数公共庇护所最初既没有厕所也没有洗涤设施，内政大臣约翰·安德森爵士拒绝面向携带宠物的民众开放部分庇护所。令国家犬科保护联盟震惊的是，有些人将狗拴在庇护所外。该慈善机构指出，"还有些人过去常常和他们的狗一起待在外面"。类似的例子不胜枚举，其中发生在伦敦市中心肯辛顿花园的一场运动最具代表性。富人们经常带宠物狗去肯辛顿花园，但始终没能将其带入庇护所。当局甚至在室外提供了拴狗的地方，"人们觉得这些宠物主人冷酷无情，危急关头全然不顾宠物的安危"。没过多久，皇家防止虐待动物协会和国家犬科保护联盟联合出资，为肯辛顿花园的 36 只宠物狗量身打造了独立收容所。在奠基仪式上，高尔爵士称之为"第一个动物庇护所"，意味着今后会有更多。事实上并非如此，因为人们不愿和狗分离。正如高尔所说："大难临头，我相信大多数宠物狗主人不会只身躲进庇护所，弃宠物于不顾。"鱼和熊掌不可兼得，狗和人也只能顾此失彼。人类和动物的关系影响着人类是否决定弃车保帅，还是选择不惜自己受伤或失去生命也要保护对方，这种关系不是静止的，而是不断发展的。如前所述，国家犬科保护联盟建议人们在窗户上张贴告示，一旦空袭警报拉响，方便行人及其宠物狗避难。该联盟还准备了定制海报："如果空袭发生时离家很远，可在私人住所寻找红白蓝告示——'空袭期间狗狗和主人可速来避难'。"如此一来，既保证了人和动物的安全，还能在非常时期拉近与他人的联系。除此之外，宠物主人还可以限制狗的活动范围，这样人和动物都不会离家太远，"一旦发生空袭，家是最安全的避难所"。政府为富人和他们的马儿提供了庇护所，在丘吉尔夫人的建议下，皇家防止虐待动物协会伦敦西郊分会成员纷纷仿效，在马厩外张贴标语："一旦发生空袭，马儿和骑手可以进入避难。"国王也提供了部分皇家马厩作为马儿紧急医院。马儿玛丽安娜或特鲁姆普每天会载着商人霍尔曼在海德公园骑行道上慢骑，即便出身平凡，它们还是曾多次被带往皇家骑兵营中避难，那里还有其他马儿和士兵。1940 年 9 月 30 日，霍尔曼在日记中写道："谢天谢地，今天平安无事，但愿明天也是一样。中午

第 6 章 界限模糊：谁离不开谁？ 143

图 6.1 尚存于后花园的安德森庇护所，伦敦南区，2013 年。

玛丽安娜在防空洞内来回走动，回来时看见了兵营。它从维多利亚门走回了家。"由此可见，空袭改变了玛丽安娜和霍尔曼的常规骑行路线。

公共庇护所看守人拥有一定的话语权。其中一位疾恶如仇，她承认狗对于主人而言很重要："无子女的夫妇和单身人士往往将宠物狗视为自己的孩子。"尽管如此，她依旧不允许人们带宠物狗进入公共庇护所。据她观察，"这样做的确很伤害他们，但出于安全考虑，不得不出此下策。一是公共庇护所的卫生问题；二是一旦拉响空袭警报，无法控制动物的反应。"尽管已经意识到动物—人类之间的重要关系，但人们仍然担心轰炸会对这种关系产生影响，目前我尚未找到任何记录表明狗在这种情况下会攻击人类。当然，虽然明文规定禁止携带动物入内，但人们未必执行。例如，伦敦市中心一位妇女曾将其宠物狗带入附近的小型公共庇护所，"它体格很小，不吵不闹，只是蜷缩在凫绒被下不停颤抖，不会有人介意"。一个更具代表性的例子是在遭遇突袭时，一位年迈的商贩躲进庇护所后，想到家里的驴子还被关在驴棚里，于是把驴子一同带去，"它很听话，顺利走了进去"。屋外一顿狂轰滥炸，只见老人又走出去将手推车拉进来，以免其他人趁火打劫。还有一名妇女被威斯敏斯特地方法院起诉，并非因为她试图将其宠物猴子带进公共庇护所，而是遭到看守人拒绝并发生了肢体冲突。

然而 1940 年 10 月，据国家反活体解剖学会杂志《动物卫士》报道，"尽管庇护所看守人出于人道主义选择睁一只眼闭一只眼，但依照法规，公共庇护所仍然禁止犬类进入。"当然，政府宣传图片中一只名叫瑞普的狗被困在废墟中，波普拉尔的一名空袭监管员协助救援并将其带回公共砖砌庇护所，避难者们也欣然接纳。正如几年后发生在伦敦南部的故事所表明的，受全面战争特殊时期影响，犬类动物在某些情况下被允许和人类一起避难。当时该地区遭遇空袭，一名年轻女性强烈恳求道：

我们所有人都在安德森庇护所里,而后一枚炸弹从天而降,好在没有爆炸……不久之后,街道满目疮痍,弹片随处可见,我们不得不头顶着枕头,肩围着羽绒被,就这样穿过街道进入公共庇护所。当时妹妹试图将我们的小宠物狗一并带进去,不料遭到拒绝。只见她在楼梯口不停地来回,她咆哮道:"如果它死了,我也活不成!"最终看守人只好屈服。

伯明翰市中心新街区也有类似报道。敌军又一次发动奇袭,人们被吓得浑身发抖,纷纷前往公共庇护所。一位老妇人抱着她的狗,"一想到猫还落在厨房,便哭个不停"。看守人解释说她不能把所有动物都带进避难所,但另一位避难者说她会去寻找它们,"老妇人这才肯进入庇护所,人们也很照顾她。后来猫咪们也被带了进来"。人们建议给猫佩戴牵引绳,以便一起带入庇护所,然而事与愿违。据艾伦·波特回忆,凌晨一点被警笛声吵醒后,他起身给宠物猫套上牵引绳,并带着垫子去往安德森庇护所。怎料它挣脱了牵引绳,为了安全起见,只好将它拴在房间里。

动物慈善机构就动物和人类待在一起更安全,还是将其单独安排并提供食物更安全展开了讨论。国家兽医药房主张为犬类动物提供防毒庇护所,这一提议在战争初期备受推崇。1939年9月6日,为动物慈善机构量身打造的庇护所如数售罄,新一批供应需要3—4周才能完成。这种庇护所不仅能有效阻隔雷雨噪声，而且适合纳凉，人们发现不止一条狗喜欢待在里面。然而出于部分实际原因，国家犬科保护联盟不太热衷于此类庇护所，例如将犬类动物关在狭小的空间内，它们需要消耗大量空气。更重要的是，联盟提倡人类和动物待在一起，可以让"动物分享他们的防毒面罩和其他庇护设施"。这将便于人类准确了解它们的去向，相互扶持。

图 6.2 新十字街沃森街遭遇轰炸的人和狗，1944 年。

庇护所

宠物和主人一起避难，每当主人回忆起这段时光，就会想起与宠物共度苦难。近来一位伦敦女性回忆起她六岁时的经历，当时她家与两位女邻居，以及她们那只胖乎乎的棕白色杂交宠物狗一起待在安德森庇护所。而其他人并没有和动物共享庇护所，比如多丽丝·皮尔斯的宠物猫被拒绝进入安德森庇护所。值得注意的是，任何庇护所都属于"战争建筑"，对于英国人和动物来说很陌生。当然，避难所其实也意味着"躲避"，家禽和野生哺乳动物经常这么做，人类当下效仿这种行为是为了保全性命、幸免于难。一旦拉响空袭警报，人们便知道空袭一触即发；动物也会时常提醒人类应当立即前往安德森或莫里森庇护所。狗的听觉远比人类灵敏，它们能听到人类根本听不到的高赫兹音。此外，正如动物学家约翰·布拉德肖所说："猫的听觉比狗更胜一筹，在它们看来，狗似乎患有高频耳聋。"动物独特的听觉技能对它们自身和人类都有帮助，不仅因为宠物能听到声音并对其做出反应，而且在于动物表现出了能动性——这样做拯救了它们自己和人类同伴。正如福吉最近所说："说起动物的重要作用，并非强调它们的被动'自我反应意识'。任何与动物一起工作或生活过的人都知道，不能随意忽视和评估它们，而要与之和谐共处。"因此，在动物看护人看来，这些行为传递着某些重要信息。他们会密切观察狗和猫的反应，以此判断是否可能发生轰炸，但不是监视，而是为了确定安全区域并将其转移。1944年6月，伯蒙西发生的轰炸中无一人伤亡，这要归功于那只猫灵敏的听觉："突然，母亲注意到家里的猫行为异常，表现出空袭来临时的反应。"于是这家人被带往安德森庇护所，邻居们也被吵醒了。"我们走出房门时，顷刻间房子被夷为平地。"人们被带到休息中心，然而猫却被遗留在家中。"我们去往休息中心之前，妈妈努力给它喂食，但它滴水不沾。我们猜想，它可能误以为母亲是造成房屋倒塌的罪魁祸首，拒绝与她接触，甚至不愿再进入房子里，想必它的心灵受到重创。附近邻居家的房子完好无损，于是父亲把它安顿在那。这只猫就这样继续生活着，直到战后多年离世。"几年后，邻居前来感谢这家女主人的提醒，否则后果不堪设想。但女主人的成年女儿说道："母亲确实提醒了他们，但我们都知道是家里的猫提醒了母亲。谢天谢地，多亏了宠物猫和细心的母亲。"正是动物与人类的协作拯救了生命。

通过解读善良的人类将宠物带进庇护所的故事，我想说，动物和人类身处困境时依旧能充分发挥主观能动性，人类也在利用动物的特殊技能保全性命。动物经常为人们指引前往庇护所的道路，据伦敦人描述，"狗总会竖起耳朵，跑在前头带路，我们跟在后面"。南威尔士斯旺西时常遭受德军空袭的侵扰，一只名叫杰克的宠物狗凭借着特殊技能提醒家人注意危险。"敌军通常在夜间发动空袭，杰克会把他们从睡梦中叫醒，它的预测

第 6 章　界限模糊：谁离不开谁？

图 6.3　伦敦东区休息中心，男人、女人和狗，1940 年 9 月
（LHW20/11，主教学院）。

似乎从未出过错。警报响起时，全家人已经安然站在楼下。杰克很快意识到楼下有些拥挤，所以它总是最后一个下楼。"在巴罗因弗内斯，拉斯特家的猫和狗总要快人一步到达庇护所，"当我们脱下鞋子准备上床睡觉时，它们早已舒适地躺下。我那自由洒脱的猫是自己灵魂的舵手，完全不受飞机干扰"。这表明猫

跑去庇护所不是为了躲避噪声，只是想和人们待在一起，因为它们不想独自留在家里。还有一个例子是关于人和狗的故事，一位"大众观察"战时受访者滔滔不绝地说道："我们朝夕相处了六年，我已经离不开它了……我不喜欢庇护所，因为我有哮喘，所以我从不去那，而是和我的老伙计相依为命。"

战争改变了公共和私人空间，最明显的莫过于轰炸建筑物、摧毁街道甚至整个市区，但也通过创造新的空间来保护人们免受轰炸。建立新空间需要跨物种之间进行"协商"。奇斯赫斯特防空洞位于伦敦东南部郊区，最初是通过挖掘用于烧制石灰和制砖的白垩建造而成，后来成为国家最大的深空防空洞之一。20世纪60年代末，这里举行了吉米·亨德里克斯音乐会。伦敦南区的一个家庭起初自己喂养宠物狗吉普，而后因为房子被炸毁，只好寄宿在亲戚家里。在去防空洞之前，他们对宠物狗说道："吉普，你今晚在这睡，要乖一点噢。"然而出乎意料的是，它竟跑回被炸毁的房子里，"先是用脚穿透窗户上的防爆纸，然后爬了出去"。最后，吉普也被带进了防空洞，尽管"它和我一样很讨厌那里，简直一刻也不想多待"。动物地理学家曾质疑空间是否应该以人类为中心，是否仅是人类有意行为的结果，以及是否存在可以被定义为非人类空间的空间。受战争环境影响，这一思维的重要性越发凸显。日记作者霍尔曼也会养马，他经常根据自己所住的地方及宠物马玛丽安娜的马厩判断前一晚受到轰炸的地点。虽然从传统意义上讲，马并不属于

"宠物",因为它们生活在人类地理家园之外,但对霍尔曼而言,马确实"能够安抚人心"。马儿玛丽安娜和特鲁姆普拥有了自己的名字,并通过被命名,正如尼克·泰勒所说,"被带入人类世界"。"沃伯恩广场昨晚发生轰炸,一所房子被夷为平地,我的住宅距离那不到30米,玛丽安娜距离温波尔街一个弹坑也是将近30米。"战争本身并没有让他意识到玛丽安娜住在哪里——他显然知道。但是,战争背景下的地形图(在这个例子中,是通过炸弹落下的位置判断地点)有助于强调人与马居住的不同空间,以及战争的共同经历如何将他们联结起来。另外,霍尔曼的骑行路线常常包括前一晚被轰炸的地点,这使他与玛丽安娜成为共同的见证者。"昨晚对我们来说很轻松,但怀特霍尔街就没那么幸运了。鸟笼道上一枚,外交部后面一枚,圣詹姆斯公园一枚,特拉法加广场两枚……玛丽安娜与我一起路过这些地点。"

私藏物品的地下室也变成了人类与动物的避难所。例如,比阿特丽克丝·莱曼记录了她在伦敦市中心夏洛特街公寓的经历:"她和老伙计宠物狗爬到地下室,躺在那里,同时很好奇是否有人知道他们在那里。"在伦敦东区,女主人玛格丽特和宠物狗道奇躲在楼梯下,而她的丈夫亚瑟则在楼上观看炸弹坠落。诺丁山大世界协会信托基金会附近突然发生爆炸,两位妇女和刚收养的小猫斯坎普共同搭建了临时空袭掩护处:

当时它正在壁炉前取暖，炸弹突然落下来，它便飞快地跑到我旁边的桌子底下，画面好不滑稽。接下来两个小时，我们笑它，也笑自己。那位80岁的老太太和我手拉手钻到桌子底下，小猫咪也在那，睁大双眼望着我们，似乎在说："你们做什么，我就做什么。你们躲到桌子底下，我也躲到桌子底下。"

终于，轰炸结束了，斯坎普转了好几个圈，"直接跳到我身上……然后坐在我的脚和脚踝上。我躺在那，好似一尊躺在墓碑上的中世纪雕像"。以前人类专用的其他空间也变成了动物和人类的共同空间。例如，在多切斯特酒店，土耳其浴室已成为地下庇护所，收容了成百上千位富人和他们的宠物狗，一有人经过，浴室里便传来阵阵犬吠。小艾尔谷梗犬杰瑞被"允许"进入楼顶附近的小平台上，那儿有它的"地毯"，它可以头悬在下一层阶梯上睡觉，"如果我们上楼，它就会睁开一只眼睛观望着"。杰瑞厌恶轰炸，因为"我们在这期间会待在厨房，不会去看它"。

共同处境：焦虑不安

空袭或多或少对动物和人类都会造成不良影响，使其焦虑不安。尽管职业兽医表示动物能够提前感知轰炸，但它们和人类一样仍然会感到心烦意乱，如同11月5日篝火之夜人们燃放的烟火一样，轰炸还会使它们受到惊吓。杂交狗米克平日很独立，它与伦敦西北部女王公园的汤森一家共同生活。"当米克被允许坐在糖果店外的拐角处时，从此路过的狗都会遭殃，于是很快它们便知道走另一侧。此外，它也十分厌恶摩托车，一有摩托车从此处转弯，它便会穷追不舍。米克体格虽小，但心胸宽广，与所有邻居小孩关系融洽。"但它也有软肋，"米克害怕烟花，连续两年的盖伊·福克斯之夜它都受到了惊吓，于是次日我们不得不将其从'狗之家'带回家"。战争伊始，人们并未想过要杀死米克，但在伦敦首次遭遇突袭时，它被一顿狂轰滥炸吓坏了，竟胡乱叫唤了一宿，最终只能被实施安乐死。人们杀死米克并非早有预谋，而是它之前的种种行为及对轰炸的"过激"反应所致。同样，米尔希尔的一位中产阶级年轻女子说，她的宠物狗必须被"人道销毁"，因为空袭会令其抓狂，"我们做了一切努力，在兽医那里花了好多钱，但都无济于事"。

幸运的是，其他动物并不像米克那么遭罪。9月初对德宣战，前一周法国贵宾犬马克斯还在主人布莱尔夫妇为它梳理毛发时惬意地享受。面对空袭时，马克斯整日郁郁寡欢、心神不宁。然而其他同类的反应与之截然不同。例如，雷克斯听到枪声会表现得异常激动，"当它无缘无故开始狂吠，我们便知道空袭一触即发；倘若空袭发生时，它会独自冲向街区，直到一切归于平静它才肯回来"。女主人无法忍受它的叫声，于是便独自一人前往安德森庇护所，狠心地将它与儿子留在家里，任其"叫个不停"，"只是苦了她的儿子一夜未眠"。宠物狗狂吠不止，让人很是焦虑，彻底激怒了这位女士。她认为这是雷克斯"自我宣泄"的方式，它"乐在其中"，但其他宠物狗虽然深感烦躁，却很安静。

1941年7月，据"大众观察"关于伦敦宠物的战时反应的调查显示，"大多数人认为空袭似乎对其宠物狗影响不大，除非局势日益恶化，它们可能'更加'歇斯底里。"正如兽医所推测的那样，插入比较副词后，空袭夸大了现有的趋势。正如《泰晤士报》特约记者所说，空袭警报拉响之前，动物园里一只名叫比利的獾已经逃离笼子，径直潜入一条改建成庇护所的隧道里。"当然，伦敦的野生或圈养动物不一定比人类更早感知闪电战。"后来，有文章将鹦鹉"因不堪忍受轰鸣声而歇斯底里地一顿尖叫"的行为，与"人类的恐惧进行比较……人们在街区和防空洞内同样神经紧绷、惶恐不安"。

动物慈善机构就如何应对动物的焦虑提出了建议，动物的陪伴能够缓解人类的不安，人类保持冷静同样有利于安抚动物的情绪。"鲍勃·马丁"由此提醒人们：狗和猫易受"主人的情绪"影响，因此在面对紧急情况时，应当注意自我情绪管理，切勿大惊小怪或反应过激，如此才能有效减缓动物的"潜在恐惧"。为了凸显此条建议，特意加粗了"保持冷静！"字样。当然，被空袭"逼疯"的不仅仅是动物。在谈到战争对人类和狗的影响日益恶化时，"大众观察"一位男性受访者表示："我知道刺耳的轰鸣声使许多狗抓狂。战争对人类而言是折磨，对动物来说也是灾难，谁都难以独善其身。但似乎对无辜的动物太不公平，因为它们并没有发动战争，却要承受最大的苦难。"精神分析学家梅丽塔·施密德伯格也着力研究了空袭压力下人类和动物的相似性。在讨论"非神经质"儿童时，她总结道，只要周围的成人表现得无所畏惧，他们几乎不会受空袭影响，受伤或失踪另谈。事实上，他们对于潜在焦虑的反应更加强烈，"婴儿和家养动物也是如此"。与标准精神分析法不同，施密德伯格介绍了她的宠物猫对空袭警告的"正常"反应："从它的行为判断，它似乎把警报误认为公猫的叫声。"

为了减少噪声干扰，皇家防止虐待动物协会建议在"某些"狗的"外耳道，而不是耳内"塞上棉絮，蒙住头并用绳子加固。该慈善机构睿智地提出警告，"以上做法不适用于猫"。猫咪保护联盟评估指出，镇静剂虽能有效安抚猫，但注射过于频繁容易导致抑郁。"鲁米那"镇静剂并"不可靠"，"胆通"不易获取且没有疗效。该联盟的发起人总结道："我们只专注于名字奇特的镇静剂，却对阿司匹林熟视无睹。众所周知，阿司匹林这种镇静剂可与少量甜水或牛奶一起服用。五谷杂粮与其他任何制剂一样可以舒缓神经。"此外，该联盟还告诫人们切勿频繁给猫服用镇静剂，建议人们注意观察宠物猫的异常反应，"物极必反，适度即可"。在通过"大众观察"发表的日记中，拉斯特记录了自己的焦虑不安及宠物的情绪状况。空袭期间，拉斯特给她的宠物公猫墨菲和宠物狗索尔服用了阿司匹林镇静剂：

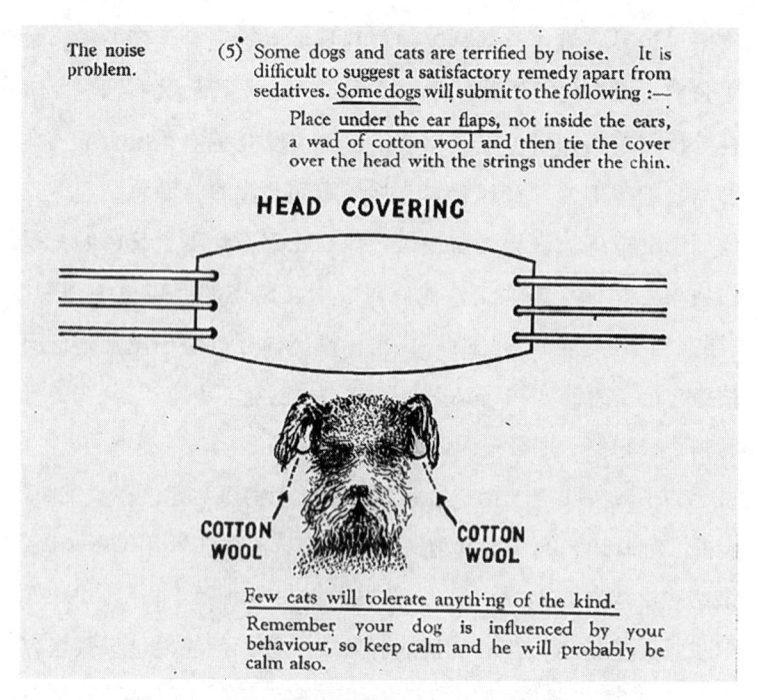

The noise problem.

(5) Some dogs and cats are terrified by noise. It is difficult to suggest a satisfactory remedy apart from sedatives. Some dogs will submit to the following :—

Place under the ear flaps, not inside the ears, a wad of cotton wool and then tie the cover over the head with the strings under the chin.

HEAD COVERING

COTTON WOOL   COTTON WOOL

Few cats will tolerate anything of the kind.
Remember your dog is influenced by your behaviour, so keep calm and he will probably be calm also.

图 6.4 《动物与空袭》中狗和猫之间的区别（皇家防止虐待动物协会提供）。

我喂老索尔吃了一片阿司匹林，可怜的小墨菲就着牛奶吃下了半片。索尔在壁炉前的地毯上来回晃悠，像只狮子一样。它们行为异常，在那一刻让我感觉很陌生。它们聪明伶俐，好像明白吃阿司匹林是为自己好。就这样安安静静地躺在指定位置——结实的橡木门旁的桌腿旁。

更匪夷所思的是，小猫尼克躲在伦敦安德森庇护所的哑弹

第 6 章　界限模糊：谁离不开谁？

附近，后来人们用计将其引诱到墙上并抓走。"它当时被吓坏了，服用镇静粉末后便很快睡着了。"

有一则广告令人印象深刻，即为"烦躁不安的狗"量身定制的"爱得悯"维生素。画面中一只斗牛犬问一只年长的狗："纳粹德军是否真的吃狗肉"。但奇怪的是，广告却暗示宠物的

图 6.5　"爱得悯"维生素缓解狗的恐惧。

焦虑并不是轰炸引起的，而是"由于人们错误喂养"。神经焦虑，当然要用"爱得悯"维生素。

事实上，并非所有动物和人类都诚惶诚恐。即便室外炮火连天，安德森庇护所里仍一片祥和：小狗帕特整晚睡在多萝西·巴廷的脚上或膝盖上，多萝西偶尔也把头枕在帕特身上打瞌睡。在伦敦东南部，当母亲在看火时，小黑狗和当时还是小女孩的芭布丝，以及她的小妹妹一起留在安德森庇护所。"这只小黑博美总是在警笛响起之前就到了庇护所。"一些有听力障碍的猫咪能够意识到危险，但不会过分焦虑；在空袭中诞生的小猫性情平和，并不担忧轰炸。

空袭中相互扶持

如果说人类对待空袭的反应会影响动物的情绪，那么动物的存在也会深刻影响人类的行为。南海岸黑斯廷斯一位年轻女子发现，因为宠物狗戴尔的存在，她能够从容应对突发状况。亚历山德拉公园距离南海岸不到一英里，戴尔正和两位十几岁的小主人一起散步。起初他们并未在意警报声，随即空袭以迅雷不及掩耳之势降临，打得人们措手不及。紧接着戴尔带他们来到"一棵枝叶稀疏且低矮的月桂树下"。后来他们才知道，此次空袭对小镇造成了前所未有的重击，伤亡者不计其数，一眼望去满目疮痍。而他们之所以能幸存，归功于这棵小树：

只听一声巨响，满天飞舞着弹片，机枪声不绝于耳。我只担心炸弹落向何处，并未害怕过任何突袭，甚至包括伦敦闪电战，但这一次……发生在今早的空袭顿时令我胆战心惊。站在那狭小的海湾下，飞机在低空呼啸而过，真是令人毛骨悚然……最糟糕的是，戴尔奋力嘶吼着，挣扎着逃离；我绝望地倚坐在它身旁，把它的小脑袋贴在我胸前，慢慢地它便安静了，惶恐不安地凝视着我的眼睛……

当时我大脑一片空白，只知道一旦松开戴尔的牵引绳，它就会有生命危险……但我不否认拥有戴尔是好事也是坏事，好事是因为它可以分散我的注意力，无暇担心母亲和其他人；坏事是因为我不得不和它挤在一个愚蠢的隐蔽处，周围一片焦土，很容易暴露我们的位置，如果不用带着它，我们可以跑到更安全的地方。但我满脑子只想着不能放手，必须安抚住戴尔。我不知道我是否对它说过什么……丽塔说我没有，但我想我会一如往常地对它说"好了好了，没事了"。

然而，戴尔的项圈太大了，在这次"对东南沿海城镇最野蛮的袭击"中，它滑脱了项圈，径直冲回家中。这只狗被吓坏了，正是因为它的存在，小主人没有冒险跑去"更安全的"地方；正是因为它的存在，小主人努力保持冷静并安抚它的情绪。抛弃这条狗并非明智之举：他们需要携手面对困境，她也试图缓解恐惧心理。正如她所说，戴尔使她越发感到恐惧，却又不能弃之不顾。当然，这只宠物狗也帮她安然度过了一个可怕的时刻。后来戴尔猛地冲回家，好在有惊无险，这才让人松了一口气。"我想它可能会到处乱跑，我们再也见不到它了。"类似的经历并不罕见，埃斯特·罗利讲述了埃克斯茅斯同样难逃最严重的袭击，致使25人丧命，她的宠物狗和猫也因此受到惊吓：

> 屋外的机枪射击声，我听得一清二楚，声音相当低沉，而后越来越近、越发清晰。这时，多米诺突然冲进花园。轰鸣声震耳欲聋，只见四架德军战斗轰炸机低空盘旋着，掠过草坪，机枪隆隆地响个不停。多米诺发了疯似的绕着草坪瞎跑，怒气冲冲地狂吠着，我想它死定了。我紧紧抱着拉斯蒂，小山姆蹲在我脚边瑟瑟发抖。不容人们做出反应，炸弹便倾泻而下。面对德军近乎疯狂的扫射，房屋和窗户开始摇摇欲坠，显得那样不堪一击。

在这个故事中，我们见证了不同动物对同一事件的不同反应：卷毛狗山姆一改平日里的活蹦乱跳，变得畏畏缩缩；拉斯蒂想要被人抱住；多米诺则表现得异常激动。空袭当日晚些时候，日记作者记录了一条狗险些丧命的经历，由此可见，人类会尽其所能保护宠物。重要的是，动物也会竭尽全力守护人类。例如，当飞机掠过肯特郡斯佩尔德赫斯特上空时，黑色拉布拉多猎犬罗孚带领家里的孩子撤往树篱下。

当然，人类选择记录这些故事是为了寻求心灵慰藉、逃避残酷现实。事实上，动物也是重要亲历者，它们对空袭同样做出了反应。但大量关于躲避轰炸的现存材料却认为，只有人类做出了战时能动反应，动物只是根据人类的反应而反应，毫无疑问也是人类带领它们寻求庇护。然而在这里却不尽然，动物作为大后方幸存者逐渐从幕后走到台前。"人民战争"一词愈显偏颇，动物和人类共同经历轰炸的历史事实不容置疑。这种共同参与并不局限于个人层面：战前，当局毫不在乎动物们的战时处境；现在，他们已经开始关注。动物—人类的关系不断变化着，成为战争期间人们的热议话题，而且越来越明确的是，人类（不分年龄、阶级、性别）及非人类动物，都是战争中不可或缺的重要参与者。

第 7 章

战时救援

> 我们所采取的措施并不总是合乎情理……
> 还必须考虑心理因素。

第 7 章　战时救援

举棋不定和政府撤离

1939年9月前几周，英国进入全面备战状态，境内居民和动物纷纷四处疏散，这样的情况持续了数年时间，首都附近更是流动频繁。家庭有时也会迅速疏散，将动物留在家中，但一般对于所有阶层的人和家庭来说，由特定爆炸事件而导致的迁移通常是动物与人类的共同活动。因此，在西汉普斯特德公寓遭遇轰炸和抢劫后，考克斯带着小花猫鲍勃乘火车前往巴罗弗内斯投奔亲戚。考克斯和鲍勃在康弗斯车站等着丈夫取车，准备直接开往目的地。在酒吧咖啡厅，女招待好奇地询问篮子里有什么。"她说她喜欢猫，想邀请鲍勃出来。只见它蹲出篮子，沿着柜台穿梭在啤酒瓶和茶杯间，我们也很高兴看见它愿意活动筋骨。"离开伦敦的动物比比皆是，不止鲍勃一个。昔日的繁华港区伯蒙西如今饱受战乱之苦，放眼望去满目疮痍。当地一家居民整天担惊受怕，于是决定搬往伦敦北部的沃特福德。正如女儿所言："妈妈把零零碎碎的瓷器和玻璃器皿装进锡锅，盖上盖子，放在前厅的一把椅子后面。就这样，我们带着宠物狗和其他能带的东西离开了。"这次离开注定是幸运的，因为不久后他们的房子就被夷为平地，而且抢劫者甚至连罐头食品、果酱和糖果都不放过，一扫而空。虽然轰炸仍未终止，但那些在战争期间离开伦敦的动物和人类却回来了。凯恩梗犬罗比与斯奈普夫人住在伦敦西北部，日记作者考克斯经常在街上看见它。1939年秋，罗比待在乡村，数月后它和斯奈普夫人又回来了，"它宁愿被炸死在伦敦城，也不愿躲在安全的城外"。

有个别家庭也会这样走了又回。1940年春，敦刻尔克大撤退之后，人们惶惶不可终日，整日担心德军会进犯内陆，他们就这样提心吊胆地熬了几年。温斯顿·丘吉尔首相最著名的战时演讲就发生在此次军事失利之后，警示着真的可能要面对纳粹入侵，真的需要全副武装、战斗到底。丘吉尔在下议院的这番演讲赢得满堂彩，昭示着英国誓死抵抗的决心："我们将在海滩上作战，我们将在敌军登陆地作战，我们将在田野和街头作战，我们将在山区作战；我们绝不投降。"敦刻尔克大撤退和丘吉尔的演讲加剧了人们的焦虑，也促使政务人员不得不改变工作计划，这一点也不意外。几个月、几年过去了，举国上下无不战战兢兢。

在某些情况下，东南沿海城镇的居民易受敌军侵犯，因此当局先是建议，而后命令他们撤离。肖勒姆海滩邦格娄镇的居民就曾收到指示，这令他们很是苦恼。因为对于老人而言，家园凝聚了他们太多心血，而且政府并未承诺保护居民财产。这不只是恐慌，而是残酷的现实：该镇随后便被拆除，用于军队作战。1940年颁布的《国防（疏散区）条例》规定，沿海城镇

第 7 章 战时救援

苏塞克斯郡内的伊斯特本、贝克希尔和黑斯廷斯等度假村只限居民出入。政府建议，并不是命令所有退休人员和闲散职工撤离。截至1940年7月中旬，仅肯特郡附近沿海城镇，就有约8万居民或自行疏散，或由政府疏散到内陆，但大多数人被告知应留在原地。为了鼓励学生撤出沿海城镇，学校停课闭校；同时罗姆尼沼泽地上的羊群也被疏散，约有12.5万只羊被转移至伦敦周围各郡。

为什么不是另一场屠杀？

最初，有人预感1939年的"9月大屠杀"会重演。一位居民住在黑斯廷斯东部，据他回忆，1940年夏天的那几周时光，"德军随时可能入侵，所有家庭都接到指示：如果是真的，我们该如何应对……大家无须防御，只需带着一个小包去往最近的火车站等待命令"。战争还未爆发，一位母亲因过度惶恐而将宠物猫杀害，"因为亲身经历过战争，残酷血腥的画面始终萦绕在她的脑海，她不愿那只猫终日颠沛流离、惶恐不安"。据该镇历史记录表明："不是所有人都会带着宠物一起撤离，最悲惨的场景莫过于人们在宠物医院门外排队，怀里抱着宠物，或装进盒子里，哭着准备给它们实施安乐死。人们急切地找寻池塘，好将宠物金鱼放生。"

然而，宠物主人和政府对此的反应普遍与战争第一周时大不相同。诚然，国家安全部已经告知所有家庭"切断煤气、电力和水源供应，并提前安顿好宠物"。这与1939年夏天提出的建议如出一辙，即公民个人全权处理动物，国家不会干涉。但生活环境和物质条件都发生了变化，动物与人类开始共同生活，这一全新体验拉近了两者之间的关系。尽管国家不愿过分干预家庭生活，不愿插手动物—人类关系，但1939年"9月暴行"严重打压了战争士气。面对内忧外患的局面，政府开始空前关注人类处境，重视战时动物，这显然与1939年的"9月暴行"有关。内政部相关文件详细描述了如果发生入侵，政府部门期盼人们应该如何对待其动物伙伴，这表明了政府的思维方式不同于战争初期。政府官员和政治家都讨论过，如果强制要求沿海居民乘坐火车撤离，是否允许动物陪伴主人。最初，他们认为应当"禁止猫狗跟随被强制疏散的主人"，由此还应命令人们对宠物进行"人道销毁"，并对外宣称这是为了"防止造成恐慌"。政府官员表示尽管他们精心策划、考虑周全，但国家空袭预防动物委员会仍然快人一步，"把事情搅得一团糟"。该组织建议人们提前安顿宠物，这实际上是在光明正大地暗示"入侵"和"强制撤离"迫在眉睫，极大地影响了士气。

然而讨论持续了很长时间，政府官员猜想人们希望带走动物，并不想杀害它们。报告还提到了哈巴狗、篮子里的猫、大丹犬或阿尔萨斯犬。今时不同往日，现在禁止小宠物乘坐火车。无论政府如何要求，人们始终置之不理，仍会带着猫狗一同前往车站。因此，人们决定在人道销毁它们之前，应该为宠物狗准备院子，为宠物猫准备带有空篮子或盒子的房间。1940年夏天的入侵恐慌虽已过去，国家空袭预防动物委员会和政府官员预料到宠物主人会无视政府的指令及所有规定，但是仍未停止制订计划。截至1941年6月，他们专为南海岸居民起草了一份法律草案。该草案小心翼翼地提出假设，告诉人们入侵带来的恶果；建议人们只带一件行李去车站，还说道："那时，所有家畜将无一幸免。"但我必须强调，这并未付诸实践；政府官员忙着预测未来的种种可能性，忙着将其记录在备忘录中。直到1941年11月，令政府官员感到诧异的是"法律并未提出禁止撤离人员携带动物"。1942年10月，人们仍在乐此不疲地讨论撤离问题，但现在他们意识到"无法阻止"人们将其小动物带上火车。显然，国家决策者的常规工作包括探讨备忘录和关注人们的讨论，但重要的是，他们已经开始重视动物的存在。最后他们总结，不可强行制止动物搭乘火车，"虽然这会给其他乘客带来不便，但警方同样不会采取强制行动来阻止人们携带小型哈巴狗"。这表明动物主人和政府都在深刻反思1939年的"9月暴行"。宠物与人类共患难有些年头了，他们同吃同住、相依为命，关系日益密切。当然如若人类抛弃它们，则动物—人类关系只会不断恶化。与宠物一起生活的人们和政府人员很清楚这一点。

在讨论强制疏散人口、定量配给动物食品和宠物所有权问题上，内政部与"大众观察"不谋而合。1941年夏，"大众观察"在伦敦中部和西北部的调查表明，政府对待狗的态度引发了人们的强烈不满。当被问及政府是否同意人们继续养狗时，一位40岁的尼斯登男子表示："我认为不会，不然他们就会为我们提供帮助。"另一位受访者说："当然不会，他们从未考虑过任何事，直到他们将所有的宠物狗赶尽杀绝之后才会醒悟问题所在。"其他人认为，在战争期间坚持养狗恰好证明人们是真心"喜爱"它们，"一旦遇到困难或资金成本增加，虚伪的爱狗人士便会毫不犹豫地抛弃它们"。"大众观察"采访了许多伦敦人，了解到他们在战争时期对待宠物狗的态度后，得出以下结论一点也不奇怪："似乎所有人都不忍失去他们的宠物狗，除非走投无路，他们绝不会抛弃宠物。"

正如第5章所述，猫狗消耗了大量人类食物，政府也曾试图限制人们继续养宠物，但均以失败告终。限制养殖场同样存在诸多问题，"任何企图大幅减少犬类数量的举措无一例外都会招致人们排斥"；同时也将面临两难抉择，即在控制犬类动物数量的前提下，如何延续"纯种"和"一般品种"繁殖。人们就是否限制养狗展开激烈讨论，长达数月之久。有人建议，为限制买卖小狗和繁殖数量，只有1942年获得领养许可证的人方能在1943年继续领养小狗，因为小狗只有在六个月大时才能获得许可证，但最终他们发现依然困难重重。因此，独居女性如果需要犬类动物保护或陪伴，可以通过上诉方式获得领养许可。

另一位政府官员在 20 世纪 30 年代曾在柏林定居，他建议效仿柏林对犬类实行"渐进式"征税，即领养第一只狗需缴纳 5 英镑，第二只 6 英镑，第三只 12 英镑。但最后被否决了，因为英国人不像德国人那样遵纪守法，而且会把第二只狗交给邻居。上述诸多建议无一被采纳。一位高级官员结合实际情况总结道，苛捐税款不仅会"增加工作量，而且容易激起民众反抗"。大臣表示赞同："我们所采取的措施并不总是合乎情理……还必须考虑心理因素。"这样只会适得其反，挫败民众士气：这对战争有什么益处吗？这位政治家也很认同去年"大众观察"得出的结论，"如此作为有害无益"。

政府宣传：纳粹分子吃狗肉和英国人民爱动物

政府宣传中包括不再限制人们养狗或喂食的原因，即强调英国与德国不同，英国人民十分热爱动物。菲利普·豪威尔理智地认为，有史以来这种说法"似乎旨在反驳英国人民自鸣得意"。通常，友好对待动物"虽然违反规定，却更能赢来尊重"。尽管并非人人都喜欢猫或狗，并非人人都会领养它们，但英国人民的乐善好施使得整个国家在战争中更加紧密团结，这便达到了宣传目的。战争期间，英国社会阶级矛盾仍然尖锐，但人类对动物的情感超越了阶级界限，成为国家共识。如前所述，德国达克斯猎犬希普与英国驻德大使一同返回英国，而松狮犬拜尔钦却被遗弃在德国驻伦敦大使官邸,将其二者不同待遇加以对比虽有失偏颇,却象征着战争初期当局宣扬的"英国民族主义"。战争早期,养狗人士极力呼吁人们善待达克斯猎犬,不要将其视为德军或纳粹主义的象征。有人认为,该犬类实则产自英国。事实上,维多利亚女王家中就有达克斯猎犬。然而也有人对该犬类存在敌意,例如,人们当时认为该犬类是十恶不赦的德国纳粹品种,导致达克斯猎犬主人不堪舆论压力将其残忍抛弃,而后被国家犬科保护联盟分支机构的干事领养。

有关纳粹德军虐待动物的报道铺天盖地。《动物与动物园》杂志曾报道了纳粹如何"征召"犬类动物参战,要求达到一定身高的犬类接受军事训练。艾尔谷梗犬嘉莉1942年时生活在柏林,同样被带去测试是否适合在俄罗斯前线作战。一位兽医很是不忍嘉莉被送往前线,便给它服用了一片安眠药,嘉莉当时毫无生机,无法服从指令。军事评估员"满脸嫌弃,果断放弃,并说我们这儿的狗是他见过最没用的狗,让我们不要再浪费他的时间"。半米以下的犬类每日可获得燕麦或大麦粉津贴,但没有肉或骨头。"以上食物均由宠物主人提供,在纳粹德国,肉铺卖剩的边角料和骨头都是供人食用的。"英国也同样强调这一观点。重要的是,英国政府的宣传还鼓励宠物狗主人继续支持战争。有人认为如果纳粹获胜,宠物便在劫难逃,英国人和动物都只能挨饿受冻。这并非危言耸听,纳粹入侵并成功占领海峡群岛后,泽西动物收容所外排起了长队,成百上千名宠物主人

第7章 战时救援

等着为其宠物实施安乐死。短短五天之内,约有2000只狗和3000只猫被杀死。宠物龟被集中装进西红柿筐里,照例在博利厄修道院放生,"修女们自掏腰包给它们安排食物,它们吃饱后便消失在灌木丛中"。该收容所发现不适合人类食用的肉和内脏都被浪费了,于是征得政府同意后发放了大约2000张配给卡,为岛上的动物分发肉类。猫也是历经万难才得以幸存。暹罗猫温斯顿·丘吉尔1941年出生于泽西岛,以帽贝为食,它足不出户,躲过了军队搜捕。1944年诺曼底登陆日之后(德军船只无法运送物资),占领军闯入花园寻找蔬菜,屠宰猫作为食物。泽西动物收容所向纳粹指挥官冯·奥弗塞斯提出交涉,奥弗塞斯承认这一野蛮行为理应严惩不贷。"这种行为简直令人发指,其中最令人痛心的是,动物经常无端遭受射击,半死不活的惨状比死更痛苦;而那些未被带回的动物只能留在原地,煎熬地等死。"

有关狗的最有意义的反纳粹宣传可能与1940年大屠杀有关,动物爱好者将其记录在日记中广泛宣传,很值得人们讨论和分析。兽医行业在整个20世纪30年代始终与德国同行保持密切联系,他们认为1940年冬天在柏林发生大量犬类被宰杀的事件,并非因为食物短缺,而是德国人酷爱食用狗肉。同样,国家反活体解剖学会《动物卫士》杂志的编辑盖伊·柯勒律治解释说屠宰狗是为了供人类食用;他也认为这些畜体还被用于其他方面,但并未明确说明。"这种卑劣行径简直十恶不赦,他们的罪行恐怕罄竹难书。"1940年6月，敦刻尔克撤退后不久，《动物画报》宣称："或许是因为狗粮短缺，于是政府下令人道销毁300多万只宠物狗……"这也是唯一一篇给出具体数字的报道。当然，1940年6月发生在德国的大规模屠杀犬类事件影响重大，内政部应当记录在案。再次强调，这些惨死的宠物狗尸体还被用作甘油和肥料。德国相关屠杀报告对此表示否认，但德国方面所言似乎属实，因为人们一直在讨论挖坑填埋或火烧畜体，并未思考它们的"使用价值"。就像面对1939年"9月大屠杀"中的动物尸体，没有人会考虑它们的"用途"，人们只想迅速处理。

受到国家保护的动物：身份牌、死亡、重聚

英国政府逐渐开始承认动物—人类关系的积极作用。尽管议会数十年来一直在讨论如何对待动物，却避而不谈动物在国家众多方面发挥的重要作用。战争促使他们改变这种想法，第一个专为保护动物权益的联盟组织——国家空袭预防动物委员会应运而生，旨在预防和减轻战时动物的痛苦。虽然国家机构也出台了相关法律以保护动物，但人们自发成立了许多动物慈善机构，以此帮助落实和改变现有保护动物的立法。在"一战"中，政府并未制定任何保护动物的条款。设立国家空袭预防动物委员会无疑是一大进步，在其存续期间，它几乎视某些非人类动物为公民。然而如第 3 章所述，国家空袭预防动物委员会自成立就存在结构性问题，例如该组织成立时间较晚，同时缺乏政府资助。国家兽医药房、残疾动物朋友联盟（现为蓝十字）和皇家防止虐待动物协会为其提供了部分启动资金，但主要是通过募捐筹资。该组织早期在内部通讯上宣告"若能将您的杂物捐给我们，定当感激不尽"，"好的或坏的留声机唱片、破旧毛衣、任何瓷器对我们都有莫大帮助"，通过这种方式筹集了约 2.5 万英镑。新兴动物慈善机构与其他同行之间同样竞争激烈。后来该组织以倒闭告终，据政府人员调查，"任何了解慈善团体的人都知道，对彼此而言，慈善是他们最不值一提的美德。各大动物协会竞相争夺公众捐款……皇家防止虐待动物协会并不关心宠物，认为国家兽医药房和残疾动物朋友联盟将成为新秀。"甚至在国家空袭预防动物委员会的成立典礼上，内政部对此也并不看好，其中有官员表示，"我认为，将公共权力授予动物慈善协会督察员的做法欠缺考虑。虽然皇家防止虐待动物协会督察员表现良好，但很快残疾动物朋友联盟的督察员就因缺乏策略和判断力导致工作失职，进而影响声誉。"人们依然记得此前兽医行业与国家兽医药房就雇用非专业人员争论得不可开交。但后来据调查表明，兽医"极其易怒，一点就着，但这并没有使他们的情况更加清楚。他们表现出对所有动物慈善组织的极大怀疑"。

尽管国家空袭预防动物委员会后来解体了，但其作为专业

图 7.1　国家空袭预防动物委员会为猫和狗量身定制的身份牌（欧内斯特·贝尔图书馆）。

的动物慈善机构，为监管和照料家畜付出颇多。动物们真的被注册参与全面战争。政府并未要求对养猫实行征税，也未对其进行过数量统计，现在与狗、马和农场动物一同被要求编号及登记在案。尽管政府分发的徽章或身份牌形状不一，但其外观与动物慈善机构发行的相似。至少在名义上，国家空袭预防动物委员会计划是经政府批准运行的非营利活动。1939 年秋，宠物主人积极响应克里斯托弗·斯通通过广播发出的呼吁。

现在，我想大多数人都会担心一旦拉响空袭警报，宠物会感到惶恐不安。许多动物确实不堪忍受刺耳的轰鸣声，它们或许会冲出家门，疯狂地跑上数英里，直至神志不清而后迷失方向。国家空袭预防动物委员会早有预料，其中一个部

第7章 战时救援

门专门登记包括牛、羊和猪在内的国内所有动物,每个动物都有专属编号的免费识别身份项圈。

当地一位国家空袭预防动物委员会收藏家兼演员曾拜访过丁尼生·杰西及其丈夫托蒂。据杰西向美国朋友解释:"该协会旨在帮助那些遭遇过空袭的动物进行康复治疗,你不必支付任何费用,但事实上我们为家里的两只猫贡献了两先令巨款。它们的脖子上挂着蓝白色身份项圈,好不神气。"澳大利亚小说家艾丽斯·格兰特·罗斯曼定居伦敦约有30年时间,她也为宠物猫塞缪尔·彭格温注册了身份项圈。她写道,该身份项圈"在和平时期依然有用,因为每个佩戴者都有专属的注册号码,一旦走失也可以很快找回"。起初,面对纷至沓来的注册申请信,国家空袭预防动物委员会忙得不可开交。截至1942年8月,已有350万只动物完成登记,丢失的动物被顺利找回并归还给它们的主人。每条街道和每个地区都组建了国家动物护卫队,主要负责找寻走失的动物,或不告知动物主人噩耗。1942年6月,据国家空袭预防动物委员会报告可知,每周需要找寻3000只丢失的动物,其中大部分能被成功找回。它总结道:"虽无确切的官方记录,但据估计,该组织在全国大约成功找回40万只动物。"这也表明,政府开始关注动物,承认动物在战争期间发挥了不可磨灭的作用。政府虽未提供财政支持,却也开始积极鼓励这一做法。

图 7.2 也许是国家空袭预防动物委员会为竞争而制作的儿童海报（欧内斯特·贝尔图书馆）。

地方性登记注册意味着动物慈善机构实际发放的身份项圈区域界限模糊，并会随着时间推移而发生变化。花猫鲍勃之前被撤离至巴罗弗内斯，并于 1940 年底返回伦敦。它的女主人格瓦迪斯·考克斯写道，鲍勃"很幸运，历经社会动荡和食物匮乏后越发惹人爱"。她有意记录了鲍勃的身份项圈："残疾动物朋友联盟的洛文塔尔小姐向我出售了一条动物身份项圈，鲍勃现在戴着它很是得意，它是经国家空袭预防动物委员会登记的第97354只猫。"生活在诺丁山的宠物猫斯坎普有三个身份牌，这不仅表明斯坎普不能把它们取下来，而且它的主人霍奇森会时常记得帮它更换。"它弄丢了所有身份牌，我们也不敢再要了。"霍奇森想尽办法"给斯坎普买了一个狗项圈……大小合适，戴上以防迷路"。随着汽油开始定量配给，伦敦街头多了许多马用于货物运输，它们也有专属的身份牌，并套在马具上。两匹马在伦敦北部牧场"迷路"，因为它们身上佩戴着国家空袭预防动物委员会专属的身份牌，所以很快在几十英里外的苏塞克斯郡霍利镇被发现，成功与主人团聚。

尽管动物们都登记在册，但如果整片地区遭到轰炸，人们迅速迁移，动物的地位可能会很快改变。离开了人类同伴，动物的生活更是充满不确定性。就像巴特西猫狗之家自1860年成立以来认为的那样，可爱的动物转眼间就会流落街头，其地位也会一夜回到解放前。动物慈善机构建议，动物只有和人类待在一起才最安全，事实的确如此。有一只狗十分幸运，为了防止篮子被炸毁后它患上感冒，其主人为它做了一件保暖皮大衣；此外，它与主人睡同一张床，"患难与共"。艾尔谷大梗犬比尔睡在主人的床底下，突然一枚飞弹直接击中他们的公寓，所有家庭成员（包括比尔）顿时惊慌失措。这家人救出了比尔，"我们三个欲将比尔带出去，它当时肯定吓傻了，任由我们摆布"。据报道称,也有动物和人类不幸遇难。80岁高龄的皇家海军老兵多米尼克先生和黑棕色小哈巴狗一同生活在伦敦东南部郊区。1940年9月20日,闪电战爆发,老人和狗像往常一样坐在扶手椅上,只见两颗重型炸弹从天而降,老人和狗被压得血肉模糊,不幸身亡。贝斯希尔也发生了类似事件,一名当地妇女泰勒夫人不幸遇难,她的手臂里抱着的宠物猎犬同样遭

图7.3 伦敦哈克尼区,一只母鸡被炸弹击中(LHW18/44,主教学院)。

遇不测。

尽管动物看守人员会寻找失踪动物，皇家防止虐待动物协会对外公布已经营救了约25.6万只遭受轰炸的动物，但当炸弹落下时，没有和主人待在一起的猫和狗犹如惊弓之鸟，发了疯似的四处乱跑，只想逃避刺耳的轰鸣声。一位公共庇护所的看守人员十分厌恶空袭，他说道："成百上千只猫在废墟旁溜达，捕食老鼠，翻垃圾箱。它们曾经衣食无忧、干净卫生。现如今和流浪猫无异，瘦骨嶙峋、浑身酸臭。"在这种情况下，慈善机构和个人施以援助之手。"我认识的一位老太太在地下室收养了16只'可怜的小猫'，要不是地方太小，她还会继续收养。警方和皇家防止虐待动物协会也在竭尽全力给予救助，但它们很快便不受控制，想方设法要逃离。"即便人们迅速撤离被炸毁的房屋，但动物最终都能顺利与主人团聚。黛西家也不幸被炸毁，她的宠物猫固执地坐在废墟里不肯离开，就在黛西生气地转过身时，"它走了过来，僵硬地坐在壁炉旁一动不动，所以我们开始了新生活"。空袭期间，不管是否是动物的主人，人们都会照料它们。"一位老妇人的房子被夷为平地，她拿起扫帚开始清扫路面上的碎玻璃。这时伦敦东区庇护所管理员走近，等着带她去庇护所。老妇人说：'先生，稍等一下，一会儿马从这里经过，我们带它一起去。'"在另一个例子中，明知对面有定时炸弹，一名从家中安全撤离的妇女仍然坚持每天回去喂猫，不管庇护所看守人如何晓之以理，动之以情，她都置若罔闻；她也不肯把猫从家里撤离,"它无法接受"。

即便已经采取了许多制度性和非正式措施,但人们仍然抱怨当局没有保护好宠物。例如,许多猫咪整日流离失所,游荡在南安普敦废墟中,人们对此很是同情,因此有人建议地方政府应当为其提供牛奶,它们还能用来捕捉老鼠。猫和人类一样,在非常时期同样需要同情和关爱。在布里斯托尔及其西南部,国家空袭预防动物委员会收到投诉,称人们还未安顿好动物便被安排撤离。直到1944年1月,人们仍在批评政府不关注动物处境,不为其提供食物,远不如动物慈善机构或兽医的付出。当地居民十分同情这些惨遭遗弃的动物,当主人被迫离开时,他们会好心收养它们。然而,那些不住在家里的"仓库"猫经常受到冷落(其中可能包括今天我们所说的野猫)。人们误以为"仓库"猫不需要太多关注,因此几乎没有理会它们。

动物伤亡情况

无论生活在何处,动物也和人类一样必然会因轰炸而受重伤、精神刺激甚至失去生命。尽管斯托迪上校预测农场动物并不是敌军的轰炸目标,但它们同样受到了伤害。到1941年7月为止,包括兽医在内的动物机构管理员在乡村已救助4500多只动物,一些动物被炸得血肉模糊、缺胳膊少腿,其中15%的动物得到治疗,30%的尸体被做成食物供人类食用。在农村地区和城市中，当地日记作者会记录动物的苦难境况和死亡情况。在肯特郡，罗德尼·福斯特记录了一架飞机上的机枪在迪姆丘奇附近扫射，摧毁了整座农场：其中6人被玻璃砸伤后休克，11只羊不幸遇难。威尔特郡的日记作者帕特里奇似乎对战争已经司空见惯，她主要记录从无线电和朋友那儿听到的故事。即便如此，她仍注意到流弹也会影响动物的生命安全。"据报道，有人在附近巷子的弹坑中埋了一颗炸弹，使一只云雀险些丧命。"

身受重伤的动物被人道销毁，正如兽医和国家空袭预防动物委员会在战争开始时所解释的那样。但也有动物能够"被治愈，其中有些和原主人一同住进新房，有些和新主人过着平静的生活"。正如"大众观察"的一名女受访者表示，她的狗在一次空袭中受了重伤，因此"我们不得不把它送走"。她非常想念它，"它是我们的好朋友、忠实伙伴、尽职的家犬"。国家兽医药房利用斯勃特的故事宣传自己援助治疗受伤的动物：

当一枚飞弹从天而降，斯勃特从废墟中刨出一条路，用吠声吸引救援人员。他们连续挖了12小时才找到斯勃特的主人，与此同时，这只狗也在旁边拼命挖，双爪血流不止。遗憾的是，它的主人被发现时已停止了呼吸。筋疲力尽的斯勃特全身是伤，于是，它被国家兽医药房带回疗养所治疗。

战争不仅对人类而言是折磨，对动物来说也是灾难。1944

年，伦敦哈克尼区遭遇轰炸，一座房子"如同纸牌一样"倒塌了，两个男人和一条狗被困其中。救援人员在废墟中找到这两个人，其中一名男子叫乔，他被成功救出时对救援人员说："别管我，先救狗……它时刻记着自己的主人（我的姐夫），每次主人去哪它都紧随其后。"在另一个例子中，人们在废墟里发现一只金丝雀，它被轰炸吓坏了，之后七个月没有唱歌。

官方文件和私人日记都记录了各类动物的死亡情况。例如，民防局官方文件中详细记述了"乡村地区的闪电战"实况：当时萨默塞特不幸遭遇空袭，一个高度易燃的羊圈被五枚燃烧弹烧毁，唯一一位牧羊人先后六次不顾生命危险冲进羊圈，成功救出小羔羊和它们的母亲。不幸的是，栖息在老建筑屋顶的鸽子被活活烧死，无一幸存，因为炸弹刚巧从房屋缺的一块石板处飞进。沉船后，海鸟因羽毛沾上浮油而"惨死"："数百吨石油泄漏，使得鸟类在劫难逃"。到1943年底，随着老鼠数量越来越多，下水道总是出故障，于是人们将碳酸钡粉撒在变质面包上用以引诱老鼠，成功消灭100多万只老鼠。当然，这些东西务必要放置在老鼠出没之处，否则会无意毒死其他动物。当伍尔维奇兵工厂附近的伦敦码头在闪电战中遭到轰炸时，谷物仓库不幸被击中，其中成百上千只老鼠如数丧身火海，批量朗姆酒、油漆、橡胶、食糖也被毁掉。皇家防止虐待动物协会会定期报告其在当地的营救情况、安乐死活动及动物死亡数量和类型（或被炸弹炸死或被困火场）。例如，坎特伯雷督察员迈尔

第 7 章 战时救援

斯向皇家防止虐待动物协会提交的报告中指出，1942 年 6 月第一周，有 3 匹马、7 头牛、28 只兔子、3 头猪、15 只猫、3 条狗被炸弹炸死。

人们在记述动物死亡时主要突出活着的人和死去的宠物之间的关系，以此表达思念之情，这一点也不奇怪。日记作者霍奇森记录了人类—动物亲密关系在一定程度上导致当地一名男子及其宠物狗的死亡。布鲁斯先生是一位老演员，家住诺丁山诺兰广场。当时发生了火灾，他试图抱着"宠物狗上楼，提醒邻居们着火了"。可他已是古稀之年，还未走到楼上，只见楼道内浓烟滚滚，老人和狗窒息而亡；而邻居们跳出阳台成功逃过一劫。更令人五味杂陈的是，她还记录了小猫斯坎普的死亡。斯坎普八岁，非常可爱，它曾摘下国家空袭预防动物委员会的身份牌并抱怨政府的"食粮配给"，这只猫一直活到了战争后期。然而一日清晨，人们在前院的灌木丛中发现了它的尸体。霍奇森写道："它小小的身影再也不能引起我们的注意了。"她试图为这次意外死亡寻找合理的解释："大家一致认为斯坎普在夜间被疾驰而来的军用卡车撞倒在灌木丛中，奄奄一息，直至停止呼吸。事发时是星期五晚上，它并不想死，它想安然度过战争时期……可悲的是，它竟成了德军入侵的牺牲品。"

莉莉安·玛格丽特·哈特在 1941 年 2 月写了一份不同寻常的存档记录，名为《我们的房子被炸了》。她与丈夫乔治（ARP 管理员）、狗吉普和猫蒂米住在伦敦东部的贝瑟纳尔格林路，他们的房子惨遭轰炸。当时莉莉安在别处避难，但动物们还在家中，她很担心丈夫和宠物的状况。"于是我不停地叫喊，蒂米？蒂米？迟迟没有回应，我不知道它是否被砸晕，还是可能已经死了，小狗的情况或许也是如此。今天，救援人员在壁炉旁屋顶上找到了吉普，只见一只黑狗挂在断椽上，当时我真希望它们早点死去。"她又补充道，"后来有人告诉我乔治安然无恙。"次日，莉莉安还在寻找蒂米："我想它还活着，哪怕只有一线生机。"这篇日记记录了她对空袭的所有反应，似乎动物的死亡比人类的幸存更令人情绪激动。

1941年，国家兽医药房报告宣称："许多动物被炸得粉碎，还有一些则变得面目全非。"然而，宠物的伤亡情况要比预想中乐观一些。科学家还指出，"许多人都逃过一劫，伤势较轻，看不出任何遭遇过爆炸的痕迹。"受伤的人大多会选择待在家中，而不去庇护所。科学家朱利安·赫胥黎表示，动物在轰炸中通常会因受惊而躲起来，这使得实际死亡数量远比预计的少。正如第6章所述，动物们不仅自己躲起来，还会带着人类一起避难。

地方官员对动物的态度

消防员、空袭民防队长和拆迁救援人员对待动物的态度与战争初期猫咪保护联盟的预测大相径庭，该联盟曾告诉支持者:"无论身在何处,无论发生何事,你很快就会获救,但救援队绝不会自找麻烦营救动物。"因为当时政府对猫不以为意。事实上,地方政府对待猫、狗及其他宠物的态度无疑表明这些宠物的地位在战争期间发生了变化。1943年末,国家空袭预防动物委员会自我反思后,对外宣称已经招募了4.5万多名动物保护志愿者,承诺组织更多的救援活动。"毫无疑问,若不是国家动物保护协会不遗余力地付出,大多数动物恐怕已被判'失踪、死亡'。"皇家防止虐待动物协会主席高尔爵士建议重建包含动物和人类的家庭单元,内政部也表示赞同。他解释道:

在许多地区,宠物一旦走丢,主人会心急如焚,他们多次请货车司机帮忙留意他们心爱的宠物猫,并告诉人们切勿杀害它们。肯辛顿西区更是如此,许多猫顺利从废墟中被找到并安然无恙地回到主人身边。

芭芭拉·尼克松曾是空袭民防队长,她常提及自己很反感动物,但从她的记录中可知同事和她的态度截然不同。例如,空袭爆发时,花猫比利总待在楼顶的橱柜上,迟迟不愿离开,救援人员大费周折才将它带进庇护所。通常,比利和主人寸步不离。那日一早,突如其来的轰炸令人措手不及,主人便下楼去了。"只见一位体弱多病、衣衫褴褛的老太太走过来,请求我们让她回去接比利……当时情况危急,房屋摇摇欲坠,冒如此大的风险救一只猫实在不值得。但空袭警报哨兵麦金却全然不顾个人生命危险,趁人不注意时溜进房子,成功将猫救出。"无论血统纯正与否,品种高贵与否,救援人员尽己所能帮助所有宠物。救援人员伯纳德·里根是个彪形大汉,他发现另一班人"从道格斯岛萨姆达街带回一只鹦鹉,关在压变形的笼子里。救援人员将笼子修整好,还给鹦鹉喂了培根皮和硬皮面包。它显然接受过训练,用喙整理好羽毛后便开始表演它的语言能力,虽然听不懂,却很精彩"。

如第 1 章所述,在休班时,火灾警戒员拯救了威尔士小猎犬阿斯塔,虽然当时他已休班,但这也是他们的工作职责之一,火灾警戒员和空袭警报哨兵会竭尽全力救助并暂时收养这些流离失所的动物。伦敦东部庄园公园一处住宅遭遇轰炸,硬毛梗犬米克是唯一的幸存者,随后它被当地消防站收留并成为其正式一员。之后人们记录了它的性格特征,米克尤其擅长攀登消防梯,还在筹款活动中表演。没过多久,消防人员约翰逊复员并领养了米克,人们纷纷称赞他有爱心。这种行为并不总能受到赞扬。一名火灾警戒员连续工作数小时只为救出被困的小狗,却无端遭受一名女记者的恶意攻击,称他们的工作"毫无意义而且自作多情"。猫咪保护联盟严厉驳斥了她的言论,宣称情感价值能有力打击纳粹分子。"当前,我们宁愿多些怜悯,也不可铁石心肠,因为冷酷无情只会让事态愈演愈烈。"一只来自查尔顿的兔子最终被当地火灾警报哨兵领养。同一片废墟中,还有一只黑白相间的宠物狗吉普,它从被灰尘和泥土掩埋的废墟中爬出来。两三天后,救援人员在碎石瓦砾下发现了宠物兔,尽管笼子已经被压坏,好在它还活着。那家人全部遇难,救援人员想救兔子却又不知如何处理。艾伦·克拉克讲述了这个充满协商和谨慎的故事。警报哨兵说:"我能带走它吗?"母亲回答:"可以,但不要告诉孩子们,而且你得保证不会杀害它或吃了它。"警报哨兵说:"噢,不,不,放心,我才不会。"后来她才告诉我们,她知道我们想留下那只兔子。所以,警报哨兵领养了那种兔子,我知道他一直养着它。

很难弄清这里到底发生了什么,这像是一位母亲专为孩子编写的家庭宠物失踪故事,然而孩子似乎确信空袭警报哨兵的行为值得学习。这表明,无论兔子发生何事,警报哨兵也会善良地伸出援手,这种善举不胜枚举。如一对夫妇因为要去参加圣诞派对,便将宠物狗暂时交由波普勒警报哨兵照看,他们表示十分放心。这足以说明警报哨兵对待动物的态度赢得了认可。

当然动物们也会发挥主观能动性,而不只是被动地等待人类救援。一枚燃烧弹击中联合乳品公司的马厩,草料随即付之一炬,"其中一匹马正忙着用马蹄灭火",而后它们被转移至安全地区。12岁的艾尔谷梗犬查姆拯救了主人马乔里·弗伦奇,当时住房被炸毁,它的主人被困废墟无法动弹。只见查姆拼命地用爪子刨开碎砖瓦砾,一心只想救她,最后拖着弗伦奇的头发把她拖到安全地带。皇家防止虐待动物协会也报道了动物们积极参与营救的事例。例如，该协会在战争纪念书中回顾，一只猫获救后返回废墟引导救援人员发现了一只受伤的小狗，它们"形影不离"；猫妈妈自行把幼崽带到安全地区；或者还有动物不愿抛弃主人独自离去……这些书面文字辅以照片娓娓道来：一位老人重回废墟后，发现了亡妻的照片。"此前老人的猫走丢了，怎么也找不到，忽然老人在废墟中听到它的脚步声，只见它躲在某个安全角落，期盼老人能带它一起离开。"

拯救动物也会影响动物主人一家。考克斯在1944年春的几篇日记记录中举例说明个别动物身处困境，引发了整个社区的关注。她指出，这是战争期间最可怕的夜晚之一。当晚她的宠物猫鲍勃被吓傻了，发疯似的沿着走廊飞奔，她紧紧抓着鲍勃的尾巴抱住它，这才安抚下来。爆炸声不绝于耳，当地杂货店卡伦斯分店也发生了巨大火灾。考克斯意识到搬运工在店铺楼上公寓，而鲍勃的母亲被关在楼下店内，"感到有些晕眩"。大约六天后，她去了另一家分店询问："鲍勃的母亲怎么样了？"杂货商说暂时还未找到，但"拆迁人员一直在留意"。公交车上偶遇一位爱猫人士，她"答应帮忙留意那只猫"。大约两周后，考克斯说："鲍勃的母亲还活着！拆迁工人在处理店铺废墟时发现了它，并用麻袋把它带往附近分店。我今早看它消瘦了不少，想必好久没吃东西。除此之外，其他无碍。"考克斯记录他人的反应不仅仅是想吸引人们关注动物，而且是表明人类越来越留意并救助周围的受难动物；她并非因为事件罕见而选择记录，恰恰进一步凸显了她的同理心。

话虽如此,但并非所有职业战事工作者都对动物怀有同情心。当时救援队已然放弃继续搜救,但好在宠物主人坚定地请求他们帮忙,45 分钟后,黑色猎犬杰克终于获救。一家人暂住在救援办公处,狗被拴在院子里,男主人坚决反对杀死杰克,"如果注定会死,那它早就死在废墟下了"。最后动物保护协会将杰克安排到乡村地区。詹姆斯·里斯-米尔恩是一位出色的日记作者兼国民信托基金会成员,他于战争期间及战后援助了许多家庭。空袭期间,他主要负责信托基金会经营场所的火灾警戒。尽管很高兴在空袭期间"有事可做",但"其他火灾警报员坦承不会不顾个人安危灭火或救人",这令他感到吃惊,"我认

图 7.4 伦敦东区爆炸后,人与猫重聚。

为我们来这儿就是为了做这些工作"！

英国、美国和加拿大军事人员常常对军事基地遇到的动物不屑一顾。他们会善待猫狗，但当营地不保时只好独留它们忍饥挨饿。因此，陆军委员会命令部队撤离时通知皇家防止虐待动物协会，以便该慈善机构能及时"安排它们"。调查国民信托基金资产时，米尔恩在诺福克郡布利克林庄园遇到了一位女管家，当时她心烦意乱，英国皇家空军不仅肆意破坏她的住宅，还偷走了她的狗。"这只狗极其可爱、机警灵敏，是她的掌上明珠啊。"即便战争结束，类似问题仍旧层出不穷。许多动物虽已被重新安置，但仍有其他动物被人道销毁。在诺福克港的美国军营中，人们发现有 50 只惨遭遗弃的宠物狗数月里都在四处游荡，身体状况良好。许多狗经受不住食物诱惑便离开了农场，而后开始颠沛流离。其中约 48 只被其原主人认领，其余 2 只也已安置妥当。然而，这些猫却很是乖张，一点也不听话。据皇家防止虐待动物协会了解，它们快变成野猫了，最终被实施安乐死。

人们情绪烦躁：动物在哪？

当地人对国家空袭预防动物委员会的社会地位争议较大，因为其志愿者没有民防服务人员的地位，如（也是自愿的）国民警卫队。兽医行业意识到，在城市地区，国家空袭预防动物委员会更关注动物慈善机构而不是兽医。有关国家空袭预防动物委员会地区分会的记录并不多见,但伦敦东郊万斯特德和伍德福德的动物救援组织却存有不少通信文件,其中主要讨论了个人身份和地方当局之间的划分问题。当地国家空袭预防动物委员会要求地区民防部门提供汽油补贴,以备紧急情况下购买

图 7.5 蓝十字在救援猫(藏于澳大利亚维多利亚国家图书馆)。

汽车时使用，但津贴只能在购买汽车后发放。在此之前也不允许试车，当局给出的理由是，汽车并不属于民防常规服务。同样，英国广播公司也曾向民防组织提出书面申请，希望能够发放巧克力和饼干津贴，最终遭到拒绝。更严重的是，要求提供防毒服的建议也是如此，这种区域性的争论不休只是造成该组织解散的原因之一。

公众越发认为该委员会只对宠物提供服务，国家兽医协会主要适时调整国家空袭预防动物委员的工作方向，处理"所有具有经济价值的动物"；换言之，兽医在农村地区很受欢迎，主要处理那里的动物。因此，该委员会在农村地区成立了一个技术分支机构，由近8000名教区动物管理员组成，充当兽医中心和农业社区之间的沟通桥梁，以便进行急救处理，"帮助动物恢复生产力"，并"减少动物死亡，充分发挥其经济价值"。但据农业与渔业部调查，城镇和农村的计划"收效甚微"。该部门应主要聚焦于农场动物，而不是宠物。越来越多的个人慈善机构再次重申关爱宠物的主张，因此，皇家防止虐待动物协会决定退出国家空袭预防动物委员会，并在书面公开信中强调不愿承担经济损失，同时表示想独立处理遭受轰炸的动物："仅去年一个月内，就有10100只家庭宠物被该协会成员人道毁灭，5940只宠物被从废墟中救出，喂养了一段时间后或继续留养在协会或重新安置别处。"

兽医行业在20世纪30年代与一些动物慈善机构，尤其是国家兽医药房关系很不融洽。皇家兽医学院不仅猛烈抨击国家兽医药房雇用非专业兽医操作外科手术，也批评富人们只为省钱将宠物带去慈善机构诊所，而不雇用专业兽医进行治疗。国家兽医协会会长博德于1941年宣布就职，他强硬果敢地指出城市计划的责任不应由国家安全部承担。哈利认为可以选出国家空袭预防动物委员会核心成员重组战后组织，最终国家机构还是难以推卸责任：

> 国家ARP动物委员会总结包括：因信仰而生，于希望中成长，为慈善事业奋斗终身。我觉得其中的反面人物就是国家安全部，因为它见证了国家兽医协会的成立，给予它祝福，最后任它饿死。

如第1章所述，本森在其作品中指出，通过洞悉人类创作的文本，从中借鉴对待动物的经验，对此我基本赞同。关于战时动物的书面记录不易查找，但的确真实存在。而国家档案馆相关文件和兽医专业出版物中，几乎未曾从国家层面提及国家空袭预防动物委员会关注它计划援助的动物。人们很少关注受伤或流浪动物的状况，而是花费大量时间用于动物组织间的竞争。

无论国家空袭预防动物委员争议如何，在某种程度上，国家已经承认动物—人类关系对处于战争状态的国家而言十分重要，但不可过分干预现有动物慈善机构或与其他资助机构之间的关系，这表明战争期间的某种合作只是暂时性的，并不会成为战后生活常态；同时也表明现阶段的动物—人类关系会对国家产生影响。国家不仅改变了立场，而且正如下一章节所要探讨的，动物和人类之间的情感关系的强度也发生了变化。

第 8 章

大后方的情感、价值、士气

也许宠物狗最能鼓舞主人的士气……
它们为同类赢得生存特权了吗?

第 8 章 大后方的情感、价值、士气

前几章重点探讨了战争时期的共同物质环境，包括饮食变化、共同分享庇护所及轰炸破坏生活环境影响着动物和人类，这显然与"人民战争"一说相悖，而动物在战争中发挥了重要作用。为了进一步讨论动物和人类运行、存在的不同方式，我探索了它们情感参与的本质。这场战争在人类和动物身上产生了情感影响，而且不仅局限于被称作"宠物"的动物。我在全书中一直提到的"大众观察"材料是一个窗口，让我们得以一窥这段超个人、跨物种的感情史。

情感互惠及隐晦的动物—人类关系

在探索两个明显不同类型的动物与人类互动的例子时，我想表明它们具有相似的属性。如第 2 章所述，理查森上校因在"一战"期间训练犬类而闻名，通过采用不同的方法训练它们能在战壕效力。理查森表示，犬类品种固然重要，但关键在于驯养人。最能胜任此项工作的非爱狗人士不可，如此才能与犬类建立有效沟通，同样，驯养人也需要接受训练。事实证明他的方法果然奏效，"一战"期间人们纷纷效仿。如前所述，犬类接受训练后专门看守军事基地或探测地雷。1942 年 3 月，在征

得动物主人同意后，军队"借用"人们的家养动物；巴特西狗之家也将流浪狗转交给军队。人们先是像对待宠物一样爱护它们，转身便狠心抛弃。倘若不是因为当时"急需它们陪伴哨兵执行夜间任务"，这些犬类恐怕也会被人道销毁。皇家防止虐待动物协会很是自豪，宣称将收留的狗送往飞机生产部看守建筑、巡逻和传递消息。多达1万只狗被送去参加服务军事活动，由于许多狗"怕枪"，所以最终只有3500只狗被接受。鉴于它们以前只是人类的同伴，这可能就不足为奇了。最受欢迎的犬种当属艾尔谷梗犬、柯利牧羊犬、杂交猎犬和德国牧羊犬，其中理查森上校在"一战"期间尤为专长训练艾尔谷梗犬。重要的是，它们曾是人类伙伴、家庭成员，不可像对待护卫犬一样训练它们；驯养人应当与动物建立良好的关系，才能开展有效沟通与合作。此训练方法借鉴于理查森上校的生活理念，也源于宠物狗的家庭环境。

黑色拉布拉多猎犬罗孚在家庭中发挥了诸多作用，例如，陪同小主人去坦布里奇韦尔斯附近上学；也曾去比利时和法国参与排雷工作，最后被安然无恙地送回家，实在不可思议。这再次表明，军队中培养的动物—人类关系与家庭中建立的同等关系相辅相成。尽管罗孚并未因参与军事活动而变得野蛮凶狠，但原主人还是拒绝领它回家。小女儿说道："罗孚体形庞大，需要充足的食物。而我们的食物仍然是定量配给，无法满足它的饮食需求。军队可以保证让它衣食无忧，所以留在军队对它更好。"罗孚当时应征入伍时，小女儿曾悲痛欲绝。这两种情绪相互矛盾，"为它好"听起来就像父母对孩子的解释。值得人们注意的是，这并不表明狗会因参与军事活动而变得更具攻击性；相反，只是受经济所迫不得不采取的权宜之计。

犬类—家庭与犬类—军事关系体现了犬类—人类的交叉关系，并在他们被困废墟时发挥作用。战争时期，人们并没有专门培育用于寻找幸存者的动物品种；相反，训练才是关键。德国牧羊犬达克曾在切尔滕纳姆的飞机生产部受训，能够搜寻被埋在废墟里的人，也由此广受媒体赞扬。其他牧羊犬先在伯明翰进行测试，战争后期被带往伦敦协助找寻空袭受害者。另一只德国牧羊犬名叫杰特，曾是利物浦饲养员巴德科克·克里弗夫人的宠物，而后也被带往军队专门训练了"一段时间"。杰特与其同类索恩在搜救遇难者工作中表现突出，因而在国家民防局竞赛中游行展示以示表彰。在搜救两名妇女时，杰特的右后小腿负伤。后来杰特和索恩都被授予"国家兽医药房迪肯勋章"。官方已证明德国牧羊犬可用来"搜救幸存者及侦察致命危险"，因为"它们的反应十分可靠"。军方如此重用它们并非出于同理心，而是因为它们敏锐的嗅觉。德国牧羊犬的嗅觉不仅超乎人类想象，而且远胜于其他动物，因此在参与军事活动时，它们总能快人一步发现幸存者。猫和狗的超强嗅觉能力在战前已被认可，更是在战争期间发挥得淋漓尽致。

瑞普的故事更加有趣。这只小猎犬于 1940 年闪电战时期被伦敦东部波普勒 B132 哨所的空袭警报员金先生收养。据一份战

图 8.1 利物浦卡尔德斯通公园的杰特纪念碑。

后总结记载,"许多遭遇轰炸的动物后来都被安置妥当,其中一只杂交狗被收留在 B132 哨所并参与搜救工作,后来因屡建功绩而被授予维多利亚十字勋章。"一方面瑞普被人类"发现"并"收留",另一方面它"自食其力",这是一种双向关系。新闻部为瑞普拍摄了许多照片,照片被保存在当地档案馆,主要记录了它的日常生活。有的照片中，金先生戴着眼镜，瑞普显然在和他一起埋头搜寻被困者；有的照片中，瑞普在四处走访街区庇护所，安慰避难者，人们拍了拍它的头，喂它一些美食；有的照片中，瑞普坐在那儿看着金先生在哨所附近锄地……综上

图 8.2 瑞普和金先生在波普勒哨所附近（由伦敦塔桥历史图书馆和档案馆提供）。

可知，瑞普搜救被困者只是它与金先生关系的一部分，当然，对金先生而言亦是如此。虽然它被称为"第一只从事救援工作的犬类"，但并不是唯一一只。国家兽医药房在描述战争期间所作的贡献时，也承认动物的积极作用："它们总是那样奋不顾身，与主人并肩作战；它们总是那样拼尽全力，冲进熊熊燃烧的房屋奋力搜救被困者；其实它们完全可以逃离火海、安全脱身。"与后期获得勋章的狗不同，像瑞普这类狗则不需要专门训练，因为仅是陪伴金先生训练的量似乎已经达标。这让我想起了琳达·伯克和乔安娜·霍肯·赫尔描述的动物—人类关系本质，他们指出，"我们与许多非人类动物打交道，包括共事，至少能够了解其他物种的一些行为。双方都须清楚何时接近，何时抚摸或舔舐，何时保持距离以免被打或被咬。"显然从某种程度上讲，和理查森上校一样，他们从几十年前便开始关注动物和人类的共同努力，而不是简单地观察其各自行为。"从微观层面出发，单方面看待人类—动物关系容易忽视其中一方对另一方的影响，而更关注动物和人类如何促进其关系，由此得到的收获远多于各方总和。"当然，人们在战争期间已经关注到这种行为，并通过不同的方式进行了证实。

效用的不同概念

如果认为动物—人类关系存在明显的价值区别，实乃大错

第 8 章 大后方的情感、价值、士气

特错。麻雀克莱伦斯被寡妇克莱尔·基普斯所救，她是一名职业音乐家兼伦敦空袭警报员。1940 年 7 月，未满一岁的麻雀从巢穴中掉落，克莱尔发现后将其带回家，给它吃熟蛋黄、麦胚食品和蘸了比目鱼肝油的面包。孩子们为帮助麻雀恢复健康，为它捕捉毛毛虫和蠕虫，并装进火柴盒当作食物。渐渐地，它开始进食多佛比目鱼、苏格兰鲑鱼和烤鸡。这则故事源自畅销书《廉价交易》，短短三年内它再版 11 次，此书由生物学家朱利安·赫胥黎作序："这本书并非单纯描写宠物，而是讲述一个人和一只鸟多年来的密友关系。"克莱尔传授克莱伦斯各种技巧，例如用发卡拔河，听到类似"警笛响了"的话便迅速跑进小型简易庇护所。克莱尔之所以这么做，一是为了娱乐，二是克莱伦斯能陪伴她待在空袭警报哨所休息室：

> 空袭从天而降，人们或流离失所或一贫如洗，克莱伦斯的到来能帮助人们忘却烦恼。至少目前，孩子们快乐无忧，不再感到惶恐不安。一听到能和麻雀玩耍，人们不再抗拒佩戴防毒面具。

这个故事不仅强调了鸟类对人类的影响。它被描述为一种双向关系，麻雀也从中获益匪浅，"也许它是史上第一只有幸享受或忍受人类独有友谊的麻雀"。克莱尔说道，它因为"感受到我对它的喜爱"而欢唱。当然，如果要用长寿表示心满意足，

图 8.3　克莱伦斯正在表演纸牌戏法（取自克莱尔·基普斯的《廉价交易》）。

那么它活了 12 年 7 周零 4 天。在它弥留之际，兽医使用正规药物进行治疗，克莱尔用香槟酒治疗。总而言之，这本书从不同层面描述了鸟类对人类的"价值"：既能为人带来快乐，也能在遭遇轰炸后抚慰士兵。同时通过举例，这本书明确指出，动物，或至少是克莱伦斯，同样具备情感。

对此，猫咪保护联盟提出了战争期间的"价值"本质问题，一篇题为《战争工作者》的文章写道："如果猫咪只是作为宠物来收养，不为主人提供任何服务，那么只为寻求个人快乐而消耗人类大量食物便不是爱国行为。"然而，如若将其改造成"最出色的食物保护者之一"，它便具有了存在意义，即保护"社区"每年价值数百万英镑的食品。尽管猫能通过捕杀仓库里的老鼠而为社会作贡献，但并不意味着个别家庭中的宠物猫具有同等存在价值。家猫的气味会影响老鼠的活动。"它们会远离猫长时间待的地方，转移至别处安家繁殖。我特意提到'长时间'是因为猫晚上常常被关在室外睡觉，如此室内便几乎不可能长期留有它的气味以震慑老鼠。"换言之，人们视猫为宠物，使其亲密地融入家庭，丰富了传统的功利主义的内涵。自实行灯火管制以来，猫咪保护联盟一直鼓励人们夜间把猫带进室内，"即使没有抓到老鼠"，也能吓退它们。此外，出色的捕鼠者也需要保证健康饮食，"忽视猫的健康和力量容易削弱其社会价值"。文章总结道："任何无法满足其饮食的行为都是不爱国的表现，人们应当节省自己的口粮留给能为社会作贡献的猫食用。"在其他场合，猫咪保护联盟文书中也提及了社会价值概念，再次提醒读者不要因罐装猫粮短缺而感到惶恐不安：

> 情况或许并不乐观，但请不要悲观对待。被人道销毁的猫咪已经不计其数，夺取动物生命多么轻而易举，但利用常识保护生命同样容易。未来，生命可能更像资产，而非负担。永远记住，你的宠物猫对你和社会都存在一定价值。

路易丝·琳达·哈格比是动物保护协会成员，她通过对比英德两国犬类动物和猫科动物的价值，进一步阐释其存在价值。

哈格比虽然批评纳粹对待动物的方法过于功利主义，但她表示情感支持本身同样具有功利性："人们关注家养的猫狗为人们带来欢愉和亲密关系时，并不会觉得感情用事。"猫咪保护联盟和动物保护主义者拒绝承认这种含混不清的价值概念，拒绝呼吁更广泛的国家和社会利益说辞。1942年春，英国广播公司宣称"猫正在为国家作贡献"。帕特里奇听到广播后在日记中写道："20年后，人们还能相信它会如此声明吗？"她之所以如此惊讶，是因为英国广播公司不再一味地贬低猫，终于承认其存在价值。

猫与人的关系是否发生改变？

不仅英国广播公司承认猫在战争期间地位的变化，战争即将结束时，动物学家科林·马西森在加的夫海港进行了一项开创性研究，并发表在《动物生态学》杂志上。"考虑到猫在当今城市生态中的重要作用"，此研究试图预估生活在加的夫海港的猫咪总数。这项研究十分独特，从两个不同角度出发，旨在详细了解猫的数量。更重要的是，重新认识猫的存在价值。除此之外，它还表明之所以能够开展研究，是因为人类越来越倾向于承认猫居无定所。战争爆发前，猫不一定待在一个家庭内，而是由当地社区监管。1939年，斯通曾在国家空袭预防动物委员会广播中谈道："有只猫每周来看我们好几次，我却不知道它是谁家的猫,但这并不重要。"

加的夫海港调查将住在码头地区"种族混居的旧房屋"和"豪华住房"的猫进行比较,表明富人不受议会对饲养宠物的限制。有人认为住房拥有完善的下水道和排水系统会降低养猫需求,因为老鼠不多,当然"这绝不是影响养猫的唯一因素"。据马西森统计,不考虑养狗的情况下,码头地区养猫家庭占比约为74%,而市政住宅区占比约为26%;其中共计约2.35万只猫,另有6500只流浪猫或"被抛弃的"猫。当然,由此可看出流浪猫的地位在不断变化。此文总结道,约有3万只猫生活在加的夫海港地区,占人口数的13%。其中采用的调查方法可能也存在问题,即要求教师让学生统计家庭成员和家猫的数量。调查事实表明,居民对猫有所改观,猫科—人类关系显著发生变化。同年,《猫与小猫:爱猫者杂志》明确宣称"当下便是猫最受欢迎的时刻",并不是因为它们擅于捕捉老鼠,而是动物能有效地帮助人们"缓解战争压力"。

战争时期跨物种情感的表现形式

在思考动物和人类之间不同的情感关系时,最初的观察是关于动物被视为表征特定情绪的方式。显然,这种表征与动物本身无关。然而值得注意的是,我之所以会提出这一说法,是因为我认为战争时期这两者的情感关系相互交织,由此表明双方都在向其他物种寻求语言交流和特殊情感，而不能简单地参照人类状况来表达。大部分情况下，哈格比根据媒体和动物保护协会的一手资料直截了当地转述惨遭轰炸及获救动物的事例。她的手册讲述了一只金丝雀的故事。轰炸发生后，金丝雀约有七个月没有唱歌。终于它开口了，主人认为这是个好兆头，预示着"战争即将告捷"。哈格比解释道："动物保护协会注意到金丝雀的康复激励着英国正在为正义、自由、博爱而奋斗，为生命而拼搏。"因此，人类重燃希望不仅仅因为受伤动物逐渐康复，更是因为它们与生俱来的曼妙歌喉能传递能量。按照惯例，人们认为某些动物承载着人类的特殊情感。在描述闪电战期间郊区遭受空袭时，一个孩子写道："不知为何，这一次我们明显感觉情况有所不同。尽管室外一片喧闹，但我们竟然觉得很寂静，仿佛一切都静止了。信不信由你，当时听见一条狗在不停地嚎叫，爸爸说这是个坏兆头。"琼·瓦利讲述了一个类似的故事，闪电战爆发当晚，她正待在位于伦敦南部斯特雷特姆区的家中。三枚炸弹从天而降，周围陷入一片沉寂，"而后耳边传来怪异的哀号声，不禁令人毛骨悚然。屋内每只猫和狗都被吓坏了，嚎叫个不停；在此之后，它们经历轰炸时再也没有如此声嘶力竭。"库珀讲述了一个正面事例，关于她购买奶牛的原因。她表示并非只是为了获取牛奶，而是因为"它给予我财富，教会我积极向上，带给我温暖和快乐"。维拉·布莉顿则以截然不同的视角观察着几乎奇迹般地从闪电战中幸存下来的圣保罗大

第 8 章 大后方的情感、价值、士气　　211

教堂及其周围的鸽子，与其说鸟类以某种拟人谬误"补充"了大教堂的地位，不如说她利用鸟类的"超然情感"重塑了大教堂：

> 常见的灰色鸽子有着绿色脖子和粉红色的脚，正漫步在幸存的圣保罗大教堂巨像附近。我确信当今伦敦人不会留意那座黑灰色圆顶，无法体会鸽子的超然情感。空袭时期遗留

图 8.4　从伦敦东南部酒馆救出的金丝雀，1940 年 9 月（LHW 18/30，主教学院）。

的弹坑已被堵住，我们出神地注视着它，难以想象一吨重的炸弹砸向地面时竟完美地避开了大教堂，独留一个巨坑，仅此而已。

相比之下，无论多么轻描淡写的评述，也会流露出真情实感。英国人的典型民族特性是隐藏个人想法和内心情感，或是选择轻描淡写或含蓄委婉的表达，这种极端的情绪处理方式更是在战争期间显露无遗。因此，我所列举的许多事例当时都没有文字记录。直到数十年后，人们终于选择表达自己当时对动物的感受。羞于表达并不一定是因为创伤，有可能是从未有人要求他们承认动物在战争期间的重要性。如第4章所述，据瓦茨回忆，她还在蹒跚学步时便被撤离至特丁顿区，和祖父母一起生活，她喜欢和巨型灰色英国牧羊犬丁克及金丝雀乔伊待在一起。但好景不长，这种幸福生活很快便结束了。正如她近日写道：

> 有一天，丁克和乔伊突然消失不见了，没有任何稀奇古怪的解释，我们只是被告知要保持安静以免惹怒爷爷。就这样，事情逐渐被淡忘。数月后，我和弟弟偷偷溜进爷爷的小棚屋，看见乔伊的笼子空荡荡的，挂在爷爷架着植物的藤条上，但我们什么都没问。

瓦茨确实记得这些事，但没有说出来。大约70年后，她才将自己与家庭宠物的故事第一次记录下来。

　　动物竟成为人类无法言说的情感工具。1942年11月，考克斯若有所思地望向窗外，"这天云雾迷蒙，寒气逼人。我望着窗外的街道，一片沉寂，只见邻居带着狗走了出去。他重重地低着头，走得很缓慢。他唯一的儿子上周在前线阵亡了"。男人没有说话，考克斯也没和他说话，但动物的存在越发衬托了人类的孤独。拉斯特也曾遇到一对夫妇：他们的儿子是一位士兵，可怜的孩子双腿被炸断，这位父亲说："'t'是布雷克区最好的马匹。"拉斯特在日记中写道："一时之间我不知道该说些什么，于是我们三个人就这样坐着。""谈起狗和他们的约克郡小梗犬头上的秃斑，我曾从市场经销商那儿买了一些产品，使用效果不错，便向M夫人推荐，她似乎确信不疑。当我起身准备离开时，我们看了看对方，然后挥手道别。"这再次说明无话可说时，动物是个很好的话题。拉斯特在另一篇日记中谈到类似的"情感转移"，从哀伤到宽慰，无须人类语言参与。日记中的西班牙小猎犬不仅仅是一条狗，更是宠物，据说它被买来抚慰一位母亲的丧子之痛。迪安夫人来自巴罗弗内斯，她的儿子出海后再也没回来，迪安夫人悲痛欲绝，便买了这只小猎犬陪伴自己。"金色的、毛茸茸的、柔软又可爱，鼻子和耳朵活像天鹅绒，从现在起它已经是一只宠物了，迪安夫人说，'我不知道给它取什么名字好，你有想法吗？'看着阳光洒在小狗背上，我

图 8.5　一只获救的狗及其幼崽（H98 106/572，澳大利亚维多利亚国家图书馆）。

顿时想到秋日的蕨类植物,便应道,'就叫费恩如何?'"

我意识到这些观察讲述的人类相关信息比动物更多;我也非常清楚,至少在动物研究界强调"关注动物"几乎成了陈词滥调。人们通常认为理解动物的存在价值有助于弄清动物对人类的意义究竟何在,因此战争期间,作家们会以此利用动物。我们回顾一下战争初期丁尼生·杰西写给美国朋友的信,在信中她提到了她的两只宠物猫,以此描述家庭日常生活,试图解释英国人当下的情绪。宠物猫帕金和莫夫,与她的丈夫托蒂一样,都是家庭的重要成员,也是战争的重要亲历者。但1940年3月的一封信表明,丁尼生·杰西将宠物记录在册还有其他动机:

> 看着我们的猫如此天真无邪,我顿时感觉轻松自在、心情愉悦。此时此刻,我认为所有人都应该养动物,皇室成员和独裁者更应该一直养下去。它们不问政事,不求名利,不懂战争;可怜的动物,无辜地卷入人类祸乱,竟不知为何受伤、为何死亡。

尽管人类和动物都因政治饱受折磨,但丁尼生·杰西将动物置于人类政治事件外,她认为动物传达了战争时期人类急需的宝贵品质:"这种品质与谄上傲下、世俗老练格格不入,动物给予我们无限温暖和希望。相信我,动物对于文明具有不可估量的价值,它们已经成为我们唯一的心灵依靠。"动物虽然不是战争的挑起者,但它们被描述为战争的解药——文明之化身。然而,丁尼生·杰西的感慨却在提醒我们"缺失"智力是如何促进特殊情感的,这并不是指人类与动物之间的矛盾,而是一种情感升华,在宠物及其人类饲养员身上表现得淋漓尽致。例如战争初期,动物和人类都要开始适应战争带来的新声音,包括空袭警报。考克斯记录的政府新规定包括:关闭煤气总闸、佩戴防毒面具、将猫鲍勃放进篮子……关于鲍勃,她如是说:"大半夜的把它装进篮子,它一定觉得我们疯了。"我不确定从字面理解是否确切,但这表明战争打乱了猫和考克斯夫妇的日常生活:战争几乎颠覆了时间。

  关系意味着互惠。一位中年妇女向"大众观察"采访者说,战争爆发后她便领养了一只宠物狗陪伴自己:"自从丈夫去世、孩子们被疏散后,只剩我一人孤零零地待在家里;有它陪伴着,我便不再孤单。"另一位中年男子这样描述他的杂交犬:"如果我要出门,它总会坐在我的椅子旁,一动不动,不吃东西也不喝水,直到我回来它才活蹦乱跳……它们是很好的伙伴,比人类都要好!"这足以证实跨物种之间存在亲密友谊,甚至比人类友谊更牢靠。战争期间,"大众观察"的受访者不论是否养狗,都经常提及动物—人类关系中的舒适、支持和陪伴话题。其中一位尤斯顿受访者注意到他的狗厌恶空袭:"是的,空袭发生时它低声哀号着,像是在抱怨什么,但我们只能默默忍受,除此之外，我们无能为力。"由此可见，宠物主人似乎也在"抱怨"，尽管表达得很委婉，但动物与人类的关联力量却在支撑彼此共渡难关。"是的，空袭爆发后它闷闷不乐了好几天，去年9月情况恶化。我想我必须把它人道销毁，因为现在无法为它提供住处。"这种进退两难的困境比比皆是："我会考虑让它长眠，除非它能找到安全的归宿并幸福地活着。"即便如此，人们并没有杀害任何一名犬类伙伴。从以上表述中可知，突如其来的空袭让人们感到焦虑不安，甚至濒临崩溃，猝不及防。

一个男青年的杂交狗约在六个月前去世，他将动物—人类关系置于国民情绪的大背景下。当被问及"如何看待当今人们养狗"，他回答说："我很敬佩这种行为。"他承认养狗"现在虽不受欢迎"，而且人们也不待见他养狗，但他表示：

> 这种行为简直愚蠢至极。人们也许不知道狗最能安抚情绪、传递温暖，它们一直在为战争默默贡献力量，它们在大后方尽了自己的一份力，奋不顾身地传递情报。当然，它们已经为同类赢得了生存特权。例如公爵夫人那只娇生惯养的哈巴狗，它常常被投喂舌头、鸡肉、奶油和橙汁。

这一说法真是耐人寻味。其中所说的"战争"也存在于其他地区，"大后方"并不是"战争"的一部分。"前线"的某些狗的贡献给整个物种增光添彩，令人刮目相看。尽管无法做到全覆盖，但犬类确实有助于安抚主人的情绪，给予他们温暖。可即便它们在战争期间发挥了如此重要的作用，仍然无法说服人们忽视阶级偏见。当随后被问及政府是否会同意人们养狗时，这位受访者反驳道："当然不会，他们从未考虑过任何事，直到他们将所有的宠物狗赶尽杀绝之后，才会幡然醒悟问题所在。"这便是政府对待狗的态度——无能且不称职。该受访者认为狗或许能够安抚情绪、提振士气，但政府对此完全置若罔闻。霍奇森在描述宠物猫斯坎普的死亡时提及它如何抚慰人类的情绪："当家园不幸被毁时，大家无不垂头丧气，然而它的存在给我们带来了许多欢乐。"考克斯曾重墨记录自己与花猫鲍勃的战时共同生活，她在战争结束时写道："回想那段黑暗的时光，我们相依为命，它毫不吝啬地给予我安慰和鼓励。"有类似经历的人更是不在少数。1941年，另一位"大众观察"受访者说道："周围大多数人不曾抛弃过他们的宠物狗。如果你善待它们，将其抚养长大，它们会心存感激并永远伴你左右。"尽管人们通常认为狗比猫更忠诚，但这位受访者表示建立这种良好关系的关键在于人类。

科学家、史学家及人际关系

文化历史学家近来对"情感史"颇有兴趣，正如近期一本文集所说，"努力了解历史亲历者对历史的感受"。然而到目前为止，更全面地研究动物—人类关系在很大程度上取决于科学家，而不是历史学家。例如，最近的科学研究已经成功探索出产生催产素的不同来源，这种激素会影响人与人之间的情感联结。当犬类做出类人凝视行为时，犬类和人类体内会释放催产素，由此引发人犬互动，继而带来社会奖赏效应。这项全新研究支持该说法，即"人犬关系中存在着一种积极循环，由催产素参与介导且具有自我延续性，类似于人类母婴关系"。因此，物种间的联系更加密切。尽管该研究是在 21 世纪开展并顺利完成的，但动物与人类共同表达情感的说法并不新奇。说到情感共享，我们会想到 200 多年前杰里米·边沁的著名论断："问题不在于他们能否推理，也不在于能否表达，而在于能否敢于体会痛苦。"这位哲学家试图展示不同物种的共同特征，尤其是"痛苦"。他并非旨在通过"语言价值"区分人与动物，而是通过强调"感觉"来增进跨物种的共同性。尽管后来查尔斯·达尔文对动物的情感生活探索饶有成效，但这一势头却没能继续保持。然而，近年来，人们对社会中非人类动物情感生活的兴趣日渐浓厚，相关的科学研究也在与日俱增。例如，伯克和赫尔的研究表明，"与他人协调行为需要情感加持，既能反映关系也有助于产生关系。即便物种间的行为存在差异，但彼此间的协调也是如此。"动物和人类在特定的历史背景下会共同分享情绪。例如，宠物狗索尔对拉斯特而言很重要，它在战争时期能有效地安抚主人的情绪，提供情感支撑：

对我来说，它不仅仅是动物：它温和敦厚、善解人意、聪明机灵，无论我说什么它都能懂，真是令人不可思议。它懂我的悲伤，懂我的疲倦，懂我的抑郁；它会在我需要陪伴时靠在我的脚上或紧跟着我，仿佛在说："虽然我帮不了你，但请记住我爱你，我会永远陪在你身边。"

宠物狗索尔能理解她，但她的丈夫似乎做不到。这并不只是人类大脑凭空想象的产物，还有其他可能。

正如生物学家兼人类动物学家布拉德肖所说，狗对"关系中发生的事情非常敏感，它们不仅是直接参与者，还会观察人

图 8.6　伦敦清福德食物救助站前的家庭，包括儿童和一条狗（LHW 23/6，主教学院）。

第 8 章　大后方的情感、价值、士气

图 8.7　南沃克休息中心里身心俱疲的狗和人，1940 年（LHW 19/76，主教学院）。

际关系"。他进一步指出,"最基础的情感植根于哺乳动物生理学及哺乳动物大脑中更原始的情感部分,因此我们有理由认为犬类和人类拥有相同的本质。"然而从方法论上讲,科学家并不会格外关注外部文化背景和不同历史时期的影响。科学以往更强调经验主义,而忽视早期研究人员的发现,除非有相同"证据"能表明,例如人们亲眼所见的某一动物的行为。但我认为,战争本身和战争类型,包括某些食物的定量配给、住宿或生活安排的变化及空袭都会产生特定关系,包括我刚提及的人类—犬类情感关系。

宠物和人类关系亲密。历史学家豪厄尔近期在其关于19世纪犬类—人类关系的重要著作中提出:"人类中心主义是一条双行道……我们不应单方面笃定犬类—人类关系只与人类有关。"它涉及两方面,即人类兽化和动物人化。全面战争时期同样发生过类似的人类和动物界限"模糊"的现象。全面战争时期,压力、恐惧、焦虑随处可见而且史无前例。这也是一个特殊时期,在这个时期,由于战争的性质,日常生活变得"超乎寻常"。日记作家米尔恩将自己修剪紫杉树篱的故事娓娓道来:"我学着阿托普斯的模样从一端剪向另一端时,竟无意破坏了银色蜘蛛网。我想,'我到底是谁?故意想消灭所有昆虫?我简直和希特勒没什么两样,十恶不赦。'"本森认为,历史学家可能需要借鉴传统历史范畴之外的自然科学,但"科学家和哲学家一样,同样无法告诉他们是否能讲清某一特定学科的历史"。历

第8章 大后方的情感、价值、士气

史学家通常会参考日记等材料,这或许确实能以不同方式阐明科学家也观察到的情感关系。

猫与人的故事两则

即便阅读了大量已出版和未出版的日记与回忆录,但我始终没有找到能与犹太学者维克多·克伦佩勒的描述相提并论的相关记录,以描述招人喜爱的宠物被其主人杀害的弥留之际。克伦佩勒的妻子伊娃不是犹太人,他们和宠物公猫穆谢尔住在德累斯顿。这只猫带给人希望。"我们经常告诉彼此:穆谢尔竖起的尾巴是我们的旗帜,我们不会让旗帜倒下,我们会把头露出水面,我们会带着它熬过去。在胜利的庆功宴上,穆谢尔能从当地最好的屠夫卡姆那儿得到一块肉排……它总会给予伊娃情感慰藉。"在纳粹政权统治下,包括穆谢尔在内的这家人总是无法安生。战争期间,英国境内猫和人的日常生活与其各种情感纽带关系密切。为穆谢尔提供食物本身就是政治行为,威胁到所有家庭成员的生命安全;英国从来不会这样。克伦佩勒在日记中写道,鱼在当时极其罕见,纳粹分子更是严禁犹太人或他们的动物食用。当一位善良的雅利安朋友将鱼头送给穆谢尔时,克伦佩勒夫妇将鱼头煮熟吃掉,随即烧毁鱼刺以防盖世太保搜查房屋时发现。1942年5月14日,纳粹颁布另一项法令,禁止犹太人饲养宠物或将宠物送走。克伦佩勒表示这是"要置穆谢尔于死地",他们共同生活了约有 11 个年头。动物必须全部上交纳粹集体屠杀,如此便引发了道德两难抉择。"今天伊娃还说,'看它玩得多开心,却不知死期将至。'又有谁知道自己明天的命运呢?我不断地重复这句话,看着眼前一无所知的穆谢尔,脑子一片混乱。我同情伊娃,心疼自己,也为穆谢尔感到惋惜。"次日听到要将猫交给纳粹时,伊娃"罔顾法规"将其带到兽医那儿,仓促地确定手术时间。但兽医们并未如期进行手术,因为他们不忍杀死"这只活蹦乱跳的健康动物",但又意识到:

除非第二天一早纳粹政权垮台,否则这只猫的下场更加悲惨,我也难辞其咎。但即便今天让穆谢尔安乐死,对我而言仍然存在危险,因此我把决定权留给伊娃。她将穆谢尔放在熟悉的纸板猫盒里带走,她亲眼看见穆谢尔被注射麻醉剂,很快麻醉剂便起作用,它就这样安然离去,但伊娃却心如刀绞。

穆谢尔离去的场景同样萦绕在维克多脑海中挥之不去,当然,这种情况与英国境内的情况迥然不同。战争期间,英国政府并不会禁止人们领养动物做伴;但纳粹却近乎极端地管控一切,包括人们的日常生活和跨物种关系,这远比英国战时日记中所描述的一切经历更加不可理喻。这与拉斯特或考克斯所言如出一辙，体现了在战争特殊时期，人类和动物早已密不可分。但克伦佩勒的叙述却表明这种关系也会被残忍破坏。

为使对比更加鲜明，我想用一个关于纳尔逊的故事来结束本章。黑猫纳尔逊的生活可谓奢华无比，与穆谢尔相比，简直是云泥之别。政府部门和唐宁街通常只许猫住在"仓库"或"办公室"。然而，纳尔逊与它们大不相同：它与首相丘吉尔同住在唐宁街10号，即首相伦敦官邸。它虽不擅长捕鼠，却发挥了重要作用。据说在一次空袭中，纳尔逊躲在抽屉柜下，首相生气地对它说："你真应该为自己感到羞耻，真是猫如其名，躲躲藏藏、畏畏缩缩……你应该向英国皇家空军所有年轻人学习，英勇战斗，保卫国家。"丘吉尔对待另一只养在肯特郡家中的宠物猫就和当时许多市民一样。丘吉尔在撰写演讲稿或抱怨中东地区的军事行为时，这只姜黄色的猫正吃着小块羊肉，然后坐在那儿自己揉洗眼睛。首相"对由于战时配给而得不到奶油深表遗憾"。虽然无法证明丘吉尔只是在战争期间才开始与猫产生关联，但很明显，这种猫科动物—人类关系已经受到战争环境的影响。一个广播节目在探讨历届政府并未将国家教育纳入政治重点事项时，反复提及丘吉尔和纳尔逊的特殊故事。1944年，拉布·巴特勒首倡制定《教育法》，他走进房间发现丘吉尔和往常一样，躺坐在床上，嘴里抽着科罗纳雪茄，那只黑猫蜷缩在他的脚上。谈话开始前丘吉尔声称："这只猫对战争的贡献比你还大！"

人们可以从不同角度解读这个故事,近期广播节目认为这是一件趣事,并以此说明丘吉尔对教育缺乏重视。但我猜想,这也许涉及其他事情。除了能暖脚,可能和其他公民一样,这只猫同样能给予丘吉尔精神慰藉和情感支撑。当时随处可见动物与人类建立的战时亲密关系,它在温暖人类的同时也得到了温暖,并享受着跨物种关系。甚至在英国社会最高阶层,动物也在证明"人民战争"一词与现实相悖,有失偏颇。

第 9 章

结论：变化与延续

在我们现存的记录中，没有证据表明"二战"初期发生过任何"屠杀"宠物的事件。

第9章 结论:变化与延续

战争结束时,宠物猫狗的主人对它们的态度发生了诸多变化,动物—人类关系往往比战前更加密切。动物和人类都是战争大后方的重要亲历者,如此一来,我们再将其称为"人民战争"便有失偏颇,或许"动物与人类战争"一说更能概述"二战"大后方。动物保护主义者严厉批判动物大屠杀,事实上,这并不是应对战争的唯一选择,反而成为战争帮凶,引起二次战争。也许全面战争潜移默化地推动了构建更亲密的人类—动物关系。

但如此总结与辉格党版本的历史颇为相似:以势如破竹般的势头走向无限光明。这意味着"历史"几乎是长年累月建构而成的,不是单指某个特定时刻。当然,对于兽医行业来说,他们对战争和国家空袭预防动物委员会的参与,带来了他们长期以来期盼的回报和认可。但1948年颁布的《兽医法》最终只允许皇家兽医学院成员执业上岗。如此,兽医行业重新关注家养动物护理。作为城市环境而非农村环境的一部分,家养动物一直以来都不被重视。职业兽医专注于治疗猫和狗等小动物,他们在英国小动物兽医协会组建了一支特殊的专业团队并延续至今。

风平浪静　一切如常

宠物的待遇并未因此而得到稳定和改善。近来，据"大众观察"受访者回忆，战争结束时他家来了两只猫：

> 蒂什和托什虽是亲兄弟，却有着天壤之别。蒂什是一只花斑猫，又瘦又小；托什全身卡其色，又矮又胖，永远怒发冲冠，好似被恶魔附身一样。

> 战争结束时，家里的马蹄铁生意自然黄了。从那时起，只剩下蒂什和托什常伴左右。主屋尽头有一间带煤气炉的洗衣房，通常用煤气炉煮鱼卵。

> 我听说祖父在炉子周围放了几盘食物，打开煤气之前把猫关了进去；家人们对此没有任何看法，这让我感到有些惊讶。毕竟，老百姓根本没钱看兽医，我的童年也随之结束了。

孩提时代的他确实对"没人觉得爷爷做错了事"表示惊讶，但这表明战争时期任何变化都那么无常。近期，马克·贝科夫也对战争初期和结束的相关情况有所说明：

> 我们对待动物的方式往往会随着环境变化而发生巨变。

第9章 结论：变化与延续

遗憾的是，动物与人类的关系始终不平等，人类利益几乎总是高于动物利益，动物利益要绝对服从人类利益。

动物或许能在战争期间鼓舞士气，但对许多人而言，它们现在可有可无。宠物就像人类的替代品，"默默无闻地充当着人类的忠实伙伴"，但它们同时以非人类动物的身份存在，后一个身份显然已经脱颖而出。1947年，国家兽医药房在其发表的战时活动自述中写道："今天仍有许多猫会被装进麻袋，袋口上绑着一块砖，然后被扔进河里。"主人不断地将宠物狗上交，同年，巴特西狗之家仍在试图说服主人将其带回家。年度报告指出，人们之所以这么做，是因为狗粮价格居高不下，同时人们外出工作一走就是数小时，不忍心让它们独守空房。随着战后频频发生入室盗窃案，人们急需看门狗，因此一些大型狗才得以幸存；而超过六岁的狗就没那么幸运了。如果该协会无法成功说服宠物狗主人，它们只有死路一条。1.5万多只流浪狗和560只猫就这样被人道销毁，之所以强调"流浪"，是因为其中包括被故意丢弃在离家很远处的动物。在战后第一份报告中，皇家防止虐待动物协会温莎、希尔林顿和乌克斯布里奇分会指出了斯劳区河畔8月举行的假日狂欢节上表演猫狗和一群野生动物问题，该分会试图说服伊顿公学的院长今后禁止此类活动。

如本书开篇所述，我们总是津津乐道于自己的故事，却闭口不提屠杀动物的史实。"二战"时期，动物—人类关系也与

"人民战争"一说相差甚远:"我们乐此不疲地讲述着自己的故事,但事实并非完全如此;恰恰相反,正是那些我们不敢承认的过往构成了所有生活体验。"在一个沉迷于传统和历史"周年纪念日"的文化国度,动物的历史存在和重要作用竟只有在缺失的公开纪念活动中才能得以体现。

战争记忆和集体失忆

位于伦敦的"战争中的动物"纪念碑是个特例,该纪念碑于2004年揭幕,人们对此褒贬不一。经过多年宣传,小说家吉利·库珀与英国大多数动物慈善团体设法筹集到140万英镑,并委托大卫·巴克豪斯制作了一座气势恢宏的雕塑。尽管不是首选,他们最终定址于海德公园旁繁华的公园巷的一个交通岛上。乍一看,此纪念碑外观雄伟,令人印象深刻:在这里,动物不再是人类附庸,而是国家功臣;在这里,只有动物,没有人类,这一点非常引人注目。但事实上情况比较复杂。其中包括大象、骆驼、驴子、马和狗在内的动物都由白色波特兰石雕刻而成,还有两只驮着重物的青铜驴子,这表明动物在战争中的作用要追溯到更早时期(但是没有出现21世纪战场上以及波登当军事实验室里的老鼠和蜜蜂)。人类并未缺席公园巷的纪念碑,其右侧写着"它们别无选择",这意味着动物没有也不可能具备主观能动性,它们没有思考能力,它们被迫卷入战争却

第 9 章　结论：变化与延续

图 9.1　"战争中的动物"纪念碑，伦敦公园巷，约 2010 年。

无法选择如何应对……这也表明人类确实掌握主动权，但在战争中并不总是如此。然而，该纪念碑并没有纪念所有在战争中死去的动物，比如1914—1918年在法国战壕中牺牲的德国狗，1939—1940年冬季战争中牺牲的芬兰马。该声明明确指出，献身英国和盟国事业的动物高达数百万只，它们为"世界各地区人类自由事业作出了不可磨灭的贡献"。一方面，人们认为动物既无主动选择权又不具备主观能动性；另一方面，它们同时毫无保留地献身某一特定国家及其事业，换来的是人类"自由"，它们却一无所得。人们只是为动物创造死亡条件，却始终不曾承认其贡献，只字未提动物在"二战"中发挥的总体作用，对1939年的"9月暴行"更是闭口不谈。同样，尽管在国家纪念植物园中设有"二战"动物纪念碑，但也只是以此纪念那些在战争中牺牲的国家民防军事动物，例如杰特。1939年秋，国家兽医药房公墓埋葬了数千只宠物，其中的"二战"动物纪念碑同样是专为国家民防军事"英雄"动物而设的。除此之外，未得到人类承认的动物数不胜数，它们为"正义之战"无悔捐躯，却不曾得到任何褒奖，更别提会被人类尊称为"英雄"；它们才是彻头彻尾的受害者，被迫卷入战争，被迫为人类及其行为买单。

如今在英国生活的大多数人都出生于战后，当时决定人道销毁或将动物关在家里的成年人已经屈指可数。许多人向我讲述了那个时代或被他人记录留存的故事，他们纷纷开始回忆起

第9章 结论：变化与延续

战争时期的童年。如第 1 章所述，宠物狗阿斯塔会以其独特方式给家里的孩子"写信"。作为成年人，让·布兰特心知肚明阿斯塔并没有给她写信，但作为孩子，她当时仍然相信它还活着。当这些幸存者还很年幼时，他们并不知晓战争残酷无情的一面，包括人道销毁宠物。如前所述，"宠物大屠杀"从未对广大民众隐瞒；事实上，当时国内相关的新闻报道铺天盖地。但为保护年幼的孩童免受痛苦，人们选择向其隐瞒此事，因此 70 多年后，他们不记得家庭宠物的悲惨遭遇也情有可原，广泛宣传战争时期的"善良"事迹也就不足为奇：我们希望孩子们记住好事，但作为成年人，我们不能忘记暴行。

当然，我们没有经历过全面战争，更无法体会其中的恐惧，很难想象自己当时会选择如何对待宠物。尽管当下英国居民只能间接体验他们当时的痛苦，即在极端情况下人类—动物关系会走向何种态势，但我们近期也算有了更多的体验。面临卡特里娜飓风和洪水，国家强迫人们放弃宠物，最终导致大量动物死亡，也给人们留下了心灵创伤。正如莎拉·洛所说："动物主人从未得到政府任何经济补偿，却仍在其他方面被社会边缘化，失去宠物无疑是当头一棒，致使他们长期深陷折磨难以自拔。"安妮·波茨和多内尔·加登即便写文高度评价 2010 年新西兰克赖斯特彻奇地震后对动物的安置措施，但他们表示"人们仍然忽视了受灾害影响的动物"。在阿富汗和英国其他战事活动区域，新闻界及诺扎德等动物慈善机构已经承认宠物的地位，这一做法值得称赞。但是，正如诺扎德所说，阿富汗或英国军队和承包商先收留这些猫狗而后将其抛弃，而该机构则重新安置它们；若是它们能被接纳，该机构便会安排遣返这些动物。我之所以提及战争和灾难中的动物事例，是为了再次强调"历史并非只停留在过往"；相反，我们要将过去带到现在，当下更加需要回望过去。"二战"期间，动物为人类无私奉献，却被无端屠杀，当我们回想这一切时，难免心生愧疚。

不论过去或现在，人们对待动物的态度并非一成不变，会随着动物自身的战时行为反应而改变和发展。如前所述，我频繁提到日记作者拉斯特，她与宠物狗索尔和宠物公猫墨菲的关系非常密切，但她和其他宠物主人一样在1939年8月底试图杀死宠物。她说："不知道我是否应该让我忠诚的老伙计和滑稽的公猫'长眠'。"与其他有类似想法的人不同，她最终选择留下并爱护它们，这两个家伙似乎很通人性，以陪伴回报主人。

作为史学家和研究者，我耗费数年时间精心收集并研究战争素材，但我最初只对"9月大屠杀"感兴趣。无论我如何绞尽脑汁思考，始终无法理解当时动物主人的行为。于是，我又重新翻阅彼得·汤森的社会学著作《老年人的家庭生活：伦敦东区调查》，此书与社会研究院出版的知名传奇作品《伦敦东区家庭与亲属关系》齐名。起初，我对许多关于老年人与宠物日常互动的报道感到焦虑不安，例如，"再坐下来与虎皮鹦鹉伯德交谈"或"12月30日，吃了晚餐，培根和土豆，喂了狗"。毋

第 9 章　结论：变化与延续

庸置疑，尽管汤森的措辞并不得体，但他承认存在这种关系："几乎随处可见人类依恋宠物和花草……超过半数的老年受访者都有宠物，其中大部分是笼鸟。"汤森选择跳出家庭生活框架分析动物—人类关系，当时，我想当然地以为这些老人曾狠心杀害他们的宠物，并视其为可有可无的替代品，现在看来这一想法可谓大错特错。在我写此书的这些年，我的想法也随之改变。虽然意识到许多 20 世纪 50 年代的宠物都是在战后出生的，但我仍然怀疑其中许多宠物始终生活在同一家庭。我反复提醒自己，大多数人从未想过要杀死他们的宠物，政府也从未颁布任何法令强迫人们杀死动物，从未制定任何严惩违反该法令的行为。如第 8 章所述，克伦佩勒及其宠物猫穆谢尔同样面临两难抉择，但最终他们珍视彼此，感激动物对家庭的付出。

回归常态　步入正轨

讽刺的是，通过查找翻阅战争时期的个人日记、官方记录和特殊记忆，研究人员得以一睹宠物的战争生活，这在和平年代无法体会。正是这些丰富的材料更加凸显"二战"的特殊性，比之前或之后数年更容易了解动物的战时经历。其中包含个人记忆，以家庭故事形式世代相传，并被转化为更广为人知的国家历史。正如致谢所示，撰写此书离不开大家提供的大量素材，多蒙鼎力相助，不胜感激。感谢猫咪保护联盟和皇家防止虐待动物协会等动物慈善机构，他们渴望人们能够认可动物在英国文化生活中发挥的作用。我不确定这种情况是否能一直保持下去，前不久，当我着手整理素材时，我写信给时任皇家防止虐待动物协会档案管理员，想要阅读档案馆收藏的战争期间该协会委员会的会议记录，答复却不尽如人意：

> 在我们现存的记录中，没有证据表明"二战"初期发生过任何"屠杀"宠物的事件。很抱歉，由于保密要求，我们的会议记录一个世纪以来不曾对外开放，因此您也无法亲自查看；但我可以向您保证，我们已经反复研究过该话题，不曾发现任何资料可证实我们多年来道听途说的报告。

让我惊讶的是，对外公开的年度报告中也找不到任何蛛丝马迹。我在大英图书馆查询到皇家防止虐待动物协会公开报道其在战争中发挥的作用，其中明确指出"战争爆发后，大伦敦区在短短四天竟人道销毁了 40 万只猫狗，其中被杀害猫居多"。我并未就此作罢，试图了解背后的故事；尽管得到应允，但那一次我并没有受到热情接待。

但随着时间推移，我开始细想档案管理员的辩护声明。皇家防止虐待动物协会是唯一一家有权依法起诉动物施虐者的动物慈善机构，其年度报告实锤屠杀事例有所增加。正如第一章所述，1939 年"9 月暴行"之前存在屠杀动物的行为。除皇家

第9章 结论：变化与延续

防止虐待动物协会外，其他所有动物慈善机构都曾做过类似勾当。战争爆发前、战争期间、战争结束后乃至现在，他们从未停止杀戮，这便是口口声声自我标榜"热爱动物的英国"希望他们做的事情。当然其中的原因可能不尽相同，或因让动物免于疾病折磨，或因房东禁止携带动物入住出租房，或因不愿承担责任……1939年9月第一周爆发了大规模屠杀宠物事件，既是情理之外，又是意料之中，这是随着战争态势愈演愈烈导致的必然结果。

全面战争时期的物质条件，例如粮食定量供应、强制躲避炸弹、已经无家可归或即将流离失所，以及精神或情绪状态，包括焦虑不安、不堪重负和心灵创伤，这些都是特定类型的战争特征。从那一刻起，跨物种关系开始建立并发展，人类和动物都是这一关系的受益者。在这一非常时期，与其选择忘记人类区别对待动物，我们应选择以不同方式铭记这个时代，并创造动物与人类共同经历战争的新历史，以此吸取过去血的教训，指引未来新的方向。

致　谢

此书能够顺利完成离不开诸多朋友和机构的鼎力相助，许多档案管理员不遗余力地提供建议和推荐素材，对此我深表感谢。承蒙有机会进入以下档案馆（即便有些档案馆只是橱柜，其中存放着极具价值的会议记录簿或相关杂志）：巴特西猫狗之家、英国广播公司档案馆、比什普斯盖特研究所、蓝十字、科林代尔和尤斯顿大英图书馆、卡姆登地方研究中心和档案馆、猫咪保护联盟、犬科信托组织、黑斯廷斯之家、黑斯廷斯地方研究图书馆、哈弗林档案馆、希灵顿皇家防止虐待动物协会、帝国战争博物馆、伦敦大都会档案馆、大众观察、Onekind、皇家防止虐待动物协会、皇家兽医学院、国家档案馆、伦敦塔桥档案馆。特别鸣谢比什普斯盖特研究所图书馆和档案管理员斯特凡·迪克斯、皇家防止虐待动物协会教育部部长大卫·艾伦、欧内斯特·贝尔图书馆的约翰·埃德蒙森及大英图书馆珍本室的工作人员，因为他们，尤斯顿路网咖环境不再嘈杂。

除借阅官方档案外，我还得到了许多人的帮助，他们同意接受采访，通过我的网站保持联络，分享家庭故事，长者愿意解惑答疑……这些帮助不言而喻，他们弥补了传统书面材料缺失的重要视角：西尔维亚·柏林、已故的玛丽·布兰克博士、克莱尔·布兰特、让·布兰特、格温·布朗、朱莉娅·考特尼、莫林·赫希、大卫·约翰逊、肯·琼斯、布伦达·基尔希、卡罗琳·莫雷尔、乔恩·纽曼、伊丽莎白·保罗、让·保罗、保罗·普卢姆利、安妮·里斯、阿德里安·罗什、艾莉森·斯基普、克里斯·斯莱登、彼得·汤森、吉尔·瓦茨。

除此之外，我还要感谢所有为我提供素材、推荐文本的人，他们不吝分享书籍、传授知识、交换想法。特别鸣谢玛吉·安德鲁斯、本·安尼斯、吉姆·奥里奇、保拉·巴特利、马拉奇·比林斯利、林达·伯克、维扬·布尔曼、乔安娜·博纳特、约翰·埃德蒙森、布赖恩·爱德华兹、纳丁·芬奇、乔纳森·菲什本、安德鲁·弗莱克、保罗·福利、安德鲁·加德纳、詹妮·格林、安德鲁·格里特、费利西蒂·哈斯特、詹姆斯·辛顿、克里斯蒂安·赫格斯伯格、劳里·霍尔顿、瓦尔·霍斯菲尔德、安吉拉·V.约翰、戴夫·朱森、玛丽莲·金农、罗伯特·柯克、保罗·奈特、罗伯特·伦特尔、艾莉森·麦克奈尔、安妮·马歇尔、罗杰·麦卡锡、珍妮弗·麦克唐纳、史蒂夫·米尔斯、露西·诺克斯、尼尔·彭伯顿、安东尼·波德塞克、温迪·罗伯逊、米克·罗斯彻、理查德·莱德、多萝西·谢里丹、简·埃里克·斯坦克、鲁格、艾玛·泰特、

致　谢

海伦·蒂芬、阿比盖尔·伍兹。

此书中许多想法都曾出现在一系列会议、研讨会和媒体活动中，并收获了大量反馈与意见，例如，英国广播公司《金铅笔广告奖》、第四广播台《星期六夜现场》，以及澳大利亚和新西兰广播收到的反馈；当然也有来自曼彻斯特城市大学公共人文中心的动物世界系列公开讲座、伦敦大学伯克贝克学院、伦敦城市档案馆、新西兰梅西大学、格林威治大学、牛津大学曼斯菲尔德学院维罗系列。学术活动包括雷恩大学的"英国是动物友好国家吗？"，会议活动包括卡塞尔大学动物研究中心的讲座和研讨会、肯特大学的"世界动物大会"、伦敦帝国学院国际兽医史会议、剑桥大学的伊萨兹会议、格林威治大学的"战争记忆：全新叙述和未知故事"会议、澳大利亚纽卡斯尔大学的动物研究国际会议，以及剑桥大学兽医系的动物慈善中心、布莱顿大学的"第二次世界大战：大众文化和文化记忆"会议、国家纪念植物园的妇女历史网络的"战争大后方的妇女"会议。此外，特此感谢匿名审稿人提供的书稿，感谢他们提出的宝贵意见，感谢所有热心的芝加哥大学出版社的工作人员。

由于篇幅有限，不能一一列举。最后，不能不提的是，我要满怀诚挚地感谢那些帮忙阅读草稿（通常不止一个版本）的朋友和同事，他们耗时数年时间不厌其烦地讨论着各种动物及历史方法。他们提出的建设性意见为我指引了正确方向，包括凯伦·阿布斯、罗素·布伦斯、菲利普·豪厄尔、肯·琼斯、布伦达·基尔希、迪·帕金、法哈纳·谢赫、金·史泰尔伍德、乔·斯坦利。

  无须多说,这些读者或任何其他发表评论、推荐素材、提供建议的人对此书不负任何责任,全由我一人承担。如果我无意忽略了某个人的意见或建议,请原谅我的无意之举,因为此书花费了大量时间搜寻整理大量资料才得以问世。让我思索最多的便是西德尼·特里斯特、汤米·阿特金斯和阿尔伯特·契瓦利埃,谨以此书献给他们。

参考文献

已出版的书籍和文章

Addison, Paul. "National Identity and the Battle of Britain." In *War and the Cultural Construction of Identities in Britain*, edited by Barbara Korte and Ralf Schneider, 225-40. Amsterdam: Rodopi, 2002.
Addison, Paul, and Crang, Jeremy A., eds. *Listening to Britain: Home Intelligence Reports on Britain's Finest Hour May to September 1940*. London: Bodley Head, 2010.
Age Exchange Reminiscence Group. *Londoners Remember Living through the Blitz*. Edited by Pam Schweitzer. London: Age Exchange, 1991.
Alanbrooke. *War Diaries, 1939-1945: Field Marshal Lord Alanbrooke*. Edited by Alex Danchev and Daniel Todman. Berkeley: University of California Press, 2001.
Alger, Janet M., and Steven F. Alger. *Cat Culture: The Social World of a Cat Shelter*. Philadelphia: Temple University Press, 2003.
Allan, Roy, and Clarissa Allan. *The Essential German Shepherd Dog*. Letchworth: Ringpress Books, 1994.
Andrews, Maggie, and Janice Lomas, eds. *The Home Front in Britain: Images, Myths and Forgotten Experiences since 1914*. Basingstoke: Palgrave Macmillan, 2014.
Animal Aid. *Animals: The Hidden Victims of War*. Tonbridge: Animal Aid, 2006.
"Animals A.R.P." *Picture Post*, 7 December 1940, 22-23.
Animal Studies Group. *Killing Animals*. Chicago: University of Illinois Press, 2006.
Anon. *Front Line 1940-1941: The Official Story of the Civil Defence of Britain*. London: HMSO, 1941.
Anon. *A Woman in Berlin*. With an introduction by Antony Beevor. London: Virago, 2005.
Ash, Edward C. *Puppies: Their Choice, Care and Training*. London: John Miles, 1936.
Ashton, Paul, and Hilda Kean. *Public History and Heritage: People and Their Pasts*. Basingstoke: Palgrave Macmillan, 2012.
Bachelard, Gaston T. *The Poetics of Space*. Translated by Maria Jolas. Boston: Beacon Press, 1994.
Baker, Steve. *Artist / Animal*. Minneapolis: University of Minnesota Press, 2013.
Balshaw, June, and Malin Lundin. *Memories of War: New Narratives and Untold Stories*. London: University of Greenwich, 2010.
Beardmore, George. *Civilians at War: Journals 1938-46*. Oxford: Oxford University Press, 1986.
Bekoff, Marc. *The Emotional Lives of Animals*. Novato, CA: New World Library, 2007.
Bell, Amy Helen. *London Was Ours: Diaries and Memoirs of the London Blitz*. London: I. B. Tauris, 2008.
Bell, Ernest. "British War Dogs." *Animals' Friend* 27, no. 3 (December 1920): 25-26.
Bell, Ernest, and Harold Baillie Weaver. *Horses in Warfare*. London: Animals' Friend Society, 1912.
Benjamin, Walter. "Theses on the Philosophy of History." In *Illuminations*, edited by Hannah Arendt, 247-49. London: Fontana, 1992.
Benson, Etienne. "Animal Writes: Historiography, Disciplinarity, and the Animal Trace." In *Making Animal Meaning*, edited by Linda Kalof and Georgina F. Montgomery, 3-16. East Lansing: Michigan State University Press, 2011.

Best, Geoffrey. *Churchill: A Study in Greatness*. Oxford: Oxford University Press, 2003.
Bion, Wilfred R. "The War of Nerves: Civilian Reaction, Morale, and Prophylaxis." In *The Neuroses in War*, edited by Emanuel Miller, 180-200. London: Macmillan, 1940.
Birke, Lynda, and Joanna Hockenhull. "Journeys Together: Horses and Humans in Partnership." *Society and Animals* 23, no. 1 (2015): 81-100.
Bowker, G. H. "When the War Is Over." *Animals' Defender* (March 1940): 89.
Bradshaw, John. *Cat Sense: The Feline Enigma Revealed*. London: Allen Lane, 2013.
———. *In Defence of Dogs*. London: Allen Lane, 2011.
Brander, Michael. *Eve Balfour: The Founder of the Soil Association and Voice of the Organic Movement*. Haddington: Gleneil, 2003.
Brantz, Dorothee, ed. *Beastly Natures: Animals, Humans, and the Study of History*. Charlottesville: University of Virginia Press, 2010.
British Union for the Abolition of Vivisection (BUAV). *The National Health Service Act and Vivisection*. Bromley, Kent: BUAV, 1947.
Brittain, Vera. *England's Hour*. London: Macmillan, 1940.
Broad, R., and S. Fleming, eds. *Nella Last's War*. Bristol: Falling Wall Press, 1981.
Burlingham, Dorothy, and Anna Freud. *Young Children in War-Time: A Year's Work in a Residential War Nursery*. London: G. Allen and Unwin, 1942.
Burney, Ian. "War on Fear: Solly Zuckerman and Civilian Nerve in the Second World War." *History of the Human Sciences* 25, no. 5 (2012): 49-72.
Burt, Jonathan. "Conflicts around Slaughter in Modernity." In *Killing Animals*, Animal Studies Group, 120-44. Chicago: University of Illinois Press, 2006.
———. "The Illumination of the Animal Kingdom: The Role of Light and Electricity in Animal Representation." *Society and Animals* 9, no. 3 (2001): 203-28.
———. "Invisible Histories: Primate Bodies and the Rise of Posthumanism in the Twentieth Century." In *Animal Encounters*, edited by Tom Tyler and Manuela Rossini, 159-72. Leiden: Brill, 2009.
———. "Review of Cary Wolfe, *Zoontologies* and *Animal Rites*." *Society and Animals* 13, no. 2 (2005):167-70.
———. "Reviews: The Animals' War Exhibition." *History Today* (October 2006):71.
Burton, David. *Bexhill in World War Two*. Bexhill-on-Sea: Bexhill Museum Association, 1998.
Calder, Angus. *The Myth of the Blitz*. London: Pimlico, 1992.
———. *The People's War*. London: Cape, 1986.
Calder, Ritchie. *Carry on London*. London: English Universities Press, 1941.
Cato [Michael Foot, Frank Owen, and Peter Howard]. *Guilty Men*. London: Victor Gollancz, 1940.
Clabby, John. *A History of the Royal Army Veterinary Corps, 1919-61*. London: J. A. Allen, 1963.
Cockett, Olivia. *Love and War in London: A Woman's Diary 1939-1942*. Edited by Robert Malcolmson. Stroud: History Press, 2008.
Comben, Norman. *Dogs, Cats and People: A Vet's Eye View*. London: Thames and Hudson,1955.
Conway, Peter. *Living Tapestry*. London: Staples Press, 1946.
Cooper, Diana. *Autobiography*. Salisbury: Michael Russell, 1979.
Cornish, F. J. *Animals of To-day: Their Life and Conversation*. London: Sweeley, 1898.
Cousens, Frederick. *Dogs and Their Management*. 3rd ed. London: Routledge, 1934.
Cronin, J. Keri. "'Can't You Talk?' Voice and Visual Culture in Early Animal Welfare Campaigns." *Early Popular Visual Culture* 9, no. 3 (2011): 203-23.
Croxton-Smith, Arthur. *British Dogs*. London: Collins, 1946.
———. *Tailwaggers*. London: Country Life, 1931.

Croxton-Smith, Arthur, and others. *Animals Home Doctor: Encyclopaedia of Domestic Pets*. London: Amalgamated, 1934.

Cummins, B. D. *Colonel Richardson's Airedales: The Making of the British War Dog School 1900–1918*. Calgary, Alberta: Detselig, 2003.

Darnton, Robert. "The Workers Revolt: The Great Cat Massacre of the Rue Saint-Severin." In *The Great Cat Massacre and Other Episodes in French Cultural History*, 75–104. London: Penguin, 2001.

Dashper, Katherine. "The Elusiveness of 'Feel' in the Horse-Human Relationship: Communication, Harmony and Understanding." Paper presented at Cosmopolitan Animals, Institute of English Studies, University of London, UK, October 26–27, 2012.

———. "Tools of the Trade or Part of the Family? Horses in Competitive Equestrian Sport." *Society and Animals* 22, no. 4 (2014): 352–71.

Demarne, Cyril. *The London Blitz: A Fireman's Tale*. London: Parents' Centre, 1980.

Dilks, David. *Churchill and Company: Allies and Rivals in War and Peace*. London: I. B. Tauris, 2012.

Dobson, Alan S. *The War Effort of the Birds*. Leaflet no. 100. London: Royal Society for the Protection of Birds, n.d.

Donaldson, Sue, and Will Kymlicka. *Zoopolis: A Political Theory of Animal Rights*. Oxford: Oxford University Press, 2011.

Douglas, Nina, Duchess of Hamilton and Brandon. *The Chronicles of Ferne*. London: Animal Defence Society, 1951.

Eley, Geoff. "Finding the People's War." *American Historical Review* 106 (2001): 818–38.

Field, Geoffrey. "Nights Underground in Darkest London: The Blitz 1940–1941." *International Labour and Working Class History* 62 (2002): 11–49.

Fielding, Steven. "The Good War: 1939–1945." In *From Blitz to Blair*, edited by Nick Tiratsoo, 25–52. London: Weidenfeld & Nicolson, 1997.

Finn, Frank. *The Budgerigar*. London: Feathered World, [1925?].

———. *Pets and How to Keep Them*. London: Hutchinson, 1907.

Finney, Patrick. *Remembering the Road to World War Two: International History, National Identity, Collective Memory*. London: Routledge, 2011.

Fitzgibbon, Constantine. *The Blitz*. London: Corgi, 1974. First published 1957.

FitzGibbon, Theodora. *With Love*. London: Century, 1982.

Folkes, John, ed. *Dogs, Goats, Bulbs and Bombs: Esther Rowley's Wartime Diaries of Exmouth and Exeter*. Stroud: History, 2010.

Foster, Rodney. *The Real Dad's Army: The War Diaries of Col. Rodney Foster*. Edited by Ronnie Scott. London: Pension, 2011.

Fudge, Erica. "A Left-Handed Blow: Writing the History of Animals." In *Representing Animals*, edited by Nigel Rothfels, 3–18. Bloomington: Indiana University Press, 2002.

———. *Pets*. Stocksfield: Acumen, 2008.

———. "What Was It Like to Be a Cow? History and Animal Studies." In *The Oxford Handbook of Animal Studies*, edited by Linda Kalof, 1–14. doi:10.1093/oxfordhb/9780199927142.013.28.

Galsworthy, Ada. *The Dear Dogs*. London: William Heinemann, 1935.

Galvayne, Sydney. *War Horses Present and Future; or, Remount Life in South Africa*. London: R. A. Everett, 1902.

Gardiner, Andrew. "The 'Dangerous' Women of Animal Welfare: How British Veterinary Medicine Went to the Dogs." *Social History of Medicine* 27, no. 3 (2014): 466–87.

Gardner, George. *Cavies or Guinea Pigs*. London: L. Upcott Gill, 1913.
Garfield, Simon, ed. *We Are at War: The Remarkable Diaries of Five Ordinary People in Extraordinary Times*. London: Ebury, 2005.
Gilbert, Martin. *Second World War*. London: Phoenix, 2000.
Glover, Edward. "Notes on the Psychological Effects of War Conditions on the Civilian Population." *International Journal of Psycho-Analysis* 22 (1941): 132–46.
Goodall, Felicity. *Voices from the Home Front*. Newton Abbot: David & Charles, 2004.
Gordon, Sophie. *Noble Hounds and Dear Companions*. London: Royal Collections, 2007.
Gough, Paul. "'Garden of Gratitude': The National Memorial Arboretum and Strategic Remembering." In *Public History and Heritage: People and Their Pasts*, edited by Ashton and Kean, 95–112.
Gray, Ann, and Erin Bell. *History on Television*. Abingdon: Routledge, 2013.
Greene, Graham. *Ways of Escape*. London: Bodley Head, 1980.
Griffin, Alice. *Lost Identity: Memoir of a World War II Evacuee*. Alice Griffin, 2008.
Guerrini, Anita. *Experimenting with Humans and Animals*. Baltimore: John Hopkins University Press, 2003.
Haisman, Mervyn, and L. E. Snellgrove. *Dear Merv . . . Dear Bill*. Llandysul: Gomer, 1992.
Haldane, J. B. S. *A. R. P.* Left Book Club ed. London: Victor Gollancz, 1938.
Hall, Libby. *These Were Our Dogs*. London: Bloomsbury, 2007.
Harcourt-Brown, Nigel, and Chitty, John. *BSAVA Manual of Psittacine Birds*. 2nd ed. Gloucester: British Small Animal Veterinary Association, 2005.
Harrisson, Tom. *Living through the Blitz*. Harmondsworth: Penguin, 1979.
Hediger, Ryan, ed. *Animals and War: Studies of Europe and North America*. Leiden: Brill, 2013.
Henderson, Sir Nevile. *Hippy in Memoriam: The Story of a Dog*. London: Hodder and Stoughton, 1943.
Hennessy, Peter. *Never Again: Britain 1945–51*. London: Cape, 1992.
Hewison, Robert. *Under Siege: Literary Life in London 1939–1945*. London: Weidenfeld and Nicolson, 1977.
Hinchliffe, Steve, Matthew Kearnes, Monica Degen, and Sarah Whatmore. "Urban Wild Things: A Cosmopolitical Experiment." *Environment and Planning D: Society and Space* 23, no. 5 (2005): 643–58.
Hobday, Frederick. *Fifty Years a Veterinary Surgeon*. London: Hutchinson, 1938.
Hodder-Williams, John Edward. *Where's Master? By Caesar, the King's Dog*. London: Hodder & Stoughton, 1910.
Hodgson, Vere. *Few Eggs and No Oranges: A Diary Showing How Unimportant People in London and Birmingham Lived through the War Years 1940–45 Written in the Notting Hill Area of London*. Edited by Jenny Hartley. London: Persephone Books, 1999.
Hostettler, Eve. *The Island at War: Memories of Wartime Life on the Isle of Dogs, East London*. London: Island History Trust, 1990.
Howell, Philip. "The Dog Fancy at War: Breeds, Breeding and Britishness 1914–1918." *Society and Animals* 21, no. 6 (2013): 546–67.
———. *At Home and Astray: The Domestic Dog in Victorian Britain*. Charlottesville: University of Virginia Press, 2015.
Hribal, Jason C. "Animals, Agency, and Class: Writing the History of Animals from Below." *Human Ecology Review* 14, no.1 (2007): 101–12.
Hughes, Molly. *A London Family between the Wars*. Oxford: Oxford University Press, 1993.
Humphrey, George. *Eastbourne at War: Portrait of a Front Line Town*. Seaford: S. B., 1998.

Hunt, Karen. "A Heroine at Home: The Housewife on the First World War Home Front." In *The Home Front in Britain*, edited by Maggie Andrews and Janice Lomas, 73-91. Basingstoke: Palgrave Macmillan, 2014.

Hylton, Stuart. *Kent and Sussex 1940: Britain's Front Line*. Barnsley: Pen and Sword, 2004.

Irvine, Leslie. *My Dog Always Eats First*. Boulder, CO: Lynne Rienner, 2013.

Isaacs, Susan, ed. *The Cambridge Evacuation Survey*. London: Methuen, 1941.

Jackson, Julian. *The Fall of France: The Nazi Invasion of 1940*. Oxford: Oxford University Press, 2003.

Jackson, Kevin. *Humphrey Jennings*. London: Picador, 2004.

Jacobs, Nancy J. "The Great Bophuthatswana Donkey Massacre: Discourse on the Ass and the Politics of Class and Grass." *American Historical Review* 106, no. 2 (2001): 485-506.

James, Allan J. "A Visit to the Leipzig Veterinary College and Public Abattoir." *Veterinary Journal* 95 (May 1939): 174-77.

Jones, Bruce V. "A Short History of British Small Animal Practice." *Veterinary History* 15, no. 2 (2010): 93-135.

Jones, Bruce V., and Clare Boulton. "Robert Stordy 1873-1943." *Veterinary History* 16, no.4 (2013): 394-407.

Joseph, Michael. *Cat's Company*. 2nd ed. London: Michael Joseph, 1946.

———. *Charles: The Story of a Friendship*. London: Michael Joseph, 1943.

Kean, Hilda. *Animal Rights: Political and Social Change in Britain since 1800*. London: Reaktion, 2000.

———. "Animals and War Memorials: Different Approaches to Commemorating the Human-Animal Relationship." In *Animals and War*, edited by Ryan Hediger, 237-62. Leiden: Brill, 2013.

———. "Britain at War: Remembering and Forgetting the Animal Dead of the Second World War." In *Mourning Animals*, edited by Margo de Mello. East Lansing: Michigan State University Press, 2016.

———. "Challenges for Historians Writing Animal-Human History: What Is Really Enough?" *Anthrozoos* 25, no. S1 (2012): 57-72.

———. "Commemorating Animals: Glorifying Humans? Remembering and Forgetting Animals in War Memorials." In *Lest We Forget: Remembrance and Commemoration*, edited by Maggie Andrews, Charles Bagot-Jewitt, Nigel Hunt, 60-70. Stroud: History Press, 2011.

———. "Continuity and Change: The Identity of the Political Reader." *Changing English* 3, no. 2 (1996): 209-18.

———. "An Exploration of the Sculptures of Greyfriars Bobby, Edinburgh, Scotland and the Old Brown Dog in Battersea, South London, England." *Society and Animals Journal of Human-Animal Studies* 11, no. 4 (2003): 353-73.

———. "The Home Front as a 'Moment' for Animals (and Humans): The Animal-Human Relationship in Contemporary Diaries and Personal Accounts." In *The Home Front in Britain*, edited by Maggie Andrews and Janice Lomas, 152-69. Basingstoke: Palgrave Macmillan, 2014.

———. "Human and Animal Space in Historic 'Pet' Cemeteries in London, New York and Paris." In *Animal Death*, edited by Fiona Probyn-Rapsey and Jay Johnson, 21-42. Sydney: University of Sydney Press, 2013.

———. "The Moment of Greyfriars Bobby: The Changing Cultural Position of Animals 1800-1920." In *A Cultural History of Animals in the Age of Empire 1800-1920*, Vol. 5, 25-46, edited by Kathleen Kete. Oxford: Berg, 2007.

———. "Nervous Dogs Need Admin, Son." *Antennae* 23 (2012): 61-63.

———. "The Smooth Cool Men of Science: The Feminist and Socialist Response to Vivisection." *History Workshop Journal* 40 (1995): 16-38.

———. "Traces and Representations: Animal Pasts in London's Present." *London Journal* 36, no. 1 (2011): 54-71.

———. "Vets and Pets: Tensions between the Veterinary Profession, the State and Animal Charities in World War 2." Lecture at Centre for Animal Welfare, Department of Veterinary Science, University of Cambridge, 5 March 2012.

Kean, Hilda, and Paul Martin. *The Public History Reader*. Abingdon: Routledge, 2013.

Kete, Kathleen. *The Beast in the Boudoir: Petkeeping in Nineteenth-Century Paris*. Berkeley: University of California Press, 1994.

———, ed. *A Cultural History of Animals in the Age of Empire 1800-1920*. Oxford: Berg, 2007.

King, Elspeth, and Maggie Andrews. "Second World War Rationing: Creativity and Buying to Last." In *The Home Front in Britain*, edited by Maggie Andrews and Janice Lomas, 184-200. Basingstoke: Palgrave Macmillan, 2014.

Kinney, James, and Ann Honeycutt. *How to Raise a Dog in the City and in the Suburbs*. London: Hamish Hamilton, 1939.

Kipps, Clare. *Sold for a Farthing*. London: Frederick Muller, 1956.

Kirby, Elizabeth, and Arthur W. Moss. *Animals Were There: A Record of the RSPCA during the War of 1939-1945*. London: Hutchinson, n.d.

Kirk, Robert G. W. "In Dogs We Trust? Intersubjectivity, Response-able Relations, and the Making of Mine Detector Dogs." *Journal of the History of the Behavioral Sciences* 50, no. 1 (2014): 1-36.

Kirk, William Hamilton. *The Diseases of the Cat*. London: Bailliere, Tindall & Cox,1925.

———. *Index of Diagnosis (Clinical and Radiological) for the Canine and Feline Surgeon*. London: Balliere,1939.

Klemperer, Victor. *To the Bitter End: The Diaries of Victor Klemperer 1942-1945*. Translated by Martin Chalmers. London: Phoenix, 2000.

Kirkham, Pat. "Beauty and Duty: Keeping Up the Home Front." In *War Culture: Social Change & Changing Experience in World War Two*, edited by Pat Kirkham and David Thoms, 13-28. London: Lawrence & Wishart,1995.

Lane, Charles Henry. *All About Dogs*. London: John Lane, 1900.

Langdon-Davies, John. *Air Raid: The Technique of Silent Approach: High Explosives: Panic*. London: George Routledge & Sons, 1938.

Lees-Milne, James. *Ancestral Voices: Diaries 1942-1943*. London: Faber, 1984.

———. *Prophesying Peace, 1944-1945*. London: Chatto and Windus, 1977.

Leinon, Rutta-Marja. "Finnish Narratives of the Horse in World War II." In *Animals and War*, edited by Ryan Hediger, 123-50. Leiden: Brill, 2013.

Levine, Joshua. *Forgotten Voices of Dunkirk*. London: Ebury, 2010.

Lewey, Frank R. *Cockney Campaign*. London: Stanley Paul, 1944.

Li, Chein Hui. "Mobilizing Christianity in the Anti-vivisection Movement in Victorian Britain." *Journal of Animal Ethics* 2, no. 2 (2012): 141-61.

Light, Alison. *Mrs. Woolf and the Servants*. London: Fig Tree, 2007.

Lind af Hageby, Louise. *Bombed Animals . . . Rescued Animals . . . Animals Saved from Destruction*. Animal Defence and Anti-Vivisection Society, 1941.

———. *On Immortality: A Letter to a Dog*. 2nd ed. London: Lind af Hageby, 1916.

Linzey, Andrew. *Why Animal Suffering Matters: Philosophy, Theology, and Practical Ethics*. Oxford: Oxford University Press, 2009.

Litten, Freddy S. "Starving the Elephants: The Slaughter of Animals in Wartime Tokyo's Ueno Zoo." *Asia-Pacific Journal: Japan Focus*, September 21, 2009.
Lloyd-Jones, Buster. *The Animals Came in One by One*. London: Secker and Warburg, 1986.
Lukacs, John. *Five Days in London, May 1940*. New Haven, CT: Yale Nota Bene, 2001.
MacDonogh, Katherine. *Reigning Cats and Dogs: A History of Pets at Court since the Renaissance*. London: Fourth Estate, 1999.
Mackay, Robert. *Half the Battle: Civilian Morale in Britain during the Second World War*. Manchester: Manchester University Press, 2002.
MacNeice, Louis. *Autumn Journal*. London: Faber, 1996.
———. *The Strings Are False: An Unfinished Autobiography*. London: Faber and Faber, 2007.
MacNicol, John. "The Evacuation of Schoolchildren." In *War and Social Change in British Society in the Second World War*, edited by Harold L. Smith, 3–31. Manchester: Manchester University Press, 1986.
Madge, Charles, and Tom Harrisson. *Britain by Mass Observation*. Harmondsworth: Penguin, 1939.
Martin, Bob. *Bob Martin on Dogs*. 3rd ed. Southport: Bob Martin, [1920s?].
———. *How to Care for Your Dog and Cat in Wartime*. Southport: Bob Martin, [1939].
Martin, Sir John. *Downing Street: The War Years*. London: Bloomsbury ,1991.
Mason, James. *The Cats in Our Lives*. London: Michael Joseph, 1949.
Masson, Jeffrey, and Susan McCarthy. *When Elephants Weep: The Emotional Lives of Animals*. London: Cape, 1994.
Matheson, Colin. "The Domestic Cat as a Factor in Urban Ecology." *Journal of Animal Ecology* 13, no. 2 (1944): 130–33.
Matt, Susan J., and Peter N. Stearns. *Doing Emotions History*. Chicago: University of Illinois Press, 2014.
Mayer, Jed. "Representing the Experimental Animal: Competing Voices in Victorian Culture." In *Animals and Agency*, edited by Sarah E. Macfarland and Ryan Hediger, 181–206. Leiden: Brill, 2009.
McPherson, Susan, and Angela McPherson. *Mosley's Old Suffragette: A Biography of Norah Dacre Fox*. Angela MacPherson and Susan McPherson, 2010.
McShane, Clay, and Joel A. Tarr. *The Horse in the City: Living Machines in the Nineteenth Century*. Baltimore: Johns Hopkins University Press, 2007.
———. "The Horse in the Nineteenth-Century American City." In *Beastly Natures: Animals, Humans and the Study of History*, edited by Dorothee Brantz, 227–45. Charlottesville: University of Virginia Press, 2010.
Miller, Emanuel, ed. *The Neuroses in War*. London: Macmillan, 1940.
Miller, Ian Jared. *The Nature of the Beasts: Empire and Exhibition at the Tokyo Imperial Zoo*. Berkeley: University of California Press, 2013.
Millgate, Helen D. *Mr. Brown's War: A Diary of the Second World War*. Stroud: Sutton, 1998.
Montague, Frederick. *Let the Good Work Go On*. London: PDSA,1947.
Murray, J. K., W. J. Browne, M. A. Roberts, A. Whitmarsh, and T. J. Gruffydd-Jones. "Number and Ownership Profiles of Cats and Dogs in the UK." *Veterinary Record* 166 (2010): 163–68.
Nagel, Thomas. "What Is It Like to Be a Bat?" *Philosophical Review* 83, no. 4 (1974): 435–50.
National Air Raid Precautions Animals' Committee (NARPAC; under the auspices of the Home Office). *Wartime Aids for All Animal Owners*. London: NARPAC, [1939].
Nesbo, Jo. "Guardian Book Club." *Guardian*, May 3, 2014, 6.
———. *The Redbreast*. London: Harper Collins, 2012.

Newman, Jon, and Nilu York. *What to Do When the Air Raid Siren Sounds: Life in Lambeth during World War Two*. [Lambeth]: Lambeth Archives, 2005.

Nicolson, Harold. *Diaries and Letters 1930-1939*. Edited by Nigel Nicolson. London: Fontana, 1969.

———. *Diaries and Letters 1939-1945*. Edited by Nigel Nicolson. London: Fontana, 1970.

Nixon, Barbara. *Raiders Overhead*. London: Lindsay Drummond,1943.

Nussbaum, Martha C. *Upheavals of Thought: The Intelligence of Emotions*. Cambridge: Cambridge University Press, 2001.

O'Brien, Terence Henry. *Civil Defence*. London: HMSO, 1955.

Orwell, George. *The Complete Works of George Orwell*. Vol. 11, *Facing Unpleasant Facts 1937-1939*. Edited by Peter Davison, assisted by Ian Angus and Sheila Davison. London: Secker and Warburg, 1998.

———. *The Complete Works of George Orwell*. Vol. 12, *A Patriot After All 1940-1941*. Edited by Peter Davison, assisted by Ian Angus and Sheila Davison. London: Secker and Warburg, 1998.

———. "The English People." In *Collected Essays, Journalism, and Letters*, Vol. 3, *As I Please*, edited by Sonia Orwell and Ian Angus. London: Secker and Warburg, 1968.

———. *George Orwell: A Life in Letters*. Edited by Peter Davison. London: Harvill Secker, 2010.

Our Dumb Friends League (ODFL). *18th Annual Report*. London: ODFL, 1938.

Overy, Richard. *The Bombing War: Europe 1939-1945*. London: Allen Lane, 2013.

Padley, Richard, and Margaret Cole. *Evacuation Survey: A Report to the Fabian Society*. London: Routledge, 1940.

Partridge, Frances. *A Pacifist's War: Diaries 1939-1945*. London: Phoenix, 1999.

Pegasus. *Horse Talks: A Vade-Mecum for Young Riders*. London: Collins, 1948.

Pemberton, Neil, and Matthew Warboys. *Mad Dogs and Englishmen: Rabies in Britain, 1830-2000*. Basingstoke: Palgrave Macmillan, 2007.

Perry, Colin. *Boy in the Blitz: The 1940 Diary of Colin Perry*. London: Corgi, 1974.

Pierce, Doris. *Memories of the Civilian War 1939-1945*. London: Temple, 1996.

Polge, Chris. "The Work of the Animal Research Station, Cambridge." *Studies in the History and Philosophy of the Biological and Biomedical Sciences* 38, no. 2 (2007): 511-20.

Porter, Mary Haskell. *Hastings in Peace and War 1930-1945*. [England]: Ferndale, 2002.

Potts, Annie, and Donelle Gadenne. *Animals in Emergencies: Learning from the Christchurch Earthquakes*. Christchurch, New Zealand: Canterbury University Press, 2014.

Pratt, Jean Lucey. *A Notable Woman: The Romantic Journals of Jean Lucey Pratt*. Edited by Simon Garfield. Edinburgh: Canongate, 2015.

Quester, George H. "The Psychological Effects of Bombing on Civilian Populations: Wars of the Past." In *Psychological Dimensions of War*, edited by Betty Glad, 201-14. Newbury Park, CA: Sage, 1990.

Radford, Mike. *Animal Welfare Law in Britain*. Oxford: Oxford University Press, 2001.

Reddy, William M. *The Navigation of Feeling: A Framework for the History of Emotions*. Cambridge: Cambridge University Press, 2001.

Richardson, Edwin Hautenville. *British War Dogs, Their Training and Psychology*. London: Skeffington & Son, [1920].

———. *Forty Years with Dogs*. London: Hutchinson, 1929.

Ritvo, Harriet. *The Animal Estate: The English and Other Creatures in Victorian England*. Cambridge, MA: Harvard University Press, 1989.

Robertson, Ben. *I Saw England*. London: Jarrolds, 1941.

参考文献

Robinson, Keith. "Cats and Legislation." *Animals in Politics* 17 (August 1938), ODFL.
———. "Cats Must Be Taxed." *Animals in Politics* 18 (September 1938), article 16, ODFL.
[Robinson, Keith]. Editorial. *Animals in Politics* 20 (Spring 1939), article 12, ODFL.
Roodhouse, Mark. *Black Market Britain 1939–1955*. Oxford: Oxford University Press, 2013.
Rose, Nikolas. *Governing the Soul: The Shaping of the Private Self*. London: Routledge, 1990.
Rose, Sonya O. *Which People's War? National Identity and Citizenship in Wartime Britain 1939–1945*. Oxford: Oxford University Press, 2003.
Rosenzweig, Roy, and David Thelen. *The Presence of the Past: Popular Sites of History in American Life*. New York: Columbia University Press, 1998.
Rosman, Alice Grant. *Nine Lives: A Cat of London in Peace and War*. New York: G. P. Putnam's Sons, 1941.
Rothfels, Nigel. *Savages and Beasts: The Birth of the Modern Zoo*. Baltimore: John Hopkins University Press, 2008.
Rowlands, Mark. *Can Animals Be Moral?* Oxford: Oxford University Press, 2012.
Schmideberg, Melitta. "Some Observations on Individual Reactions to Air Raids." *International Journal of Psycho-analysis* 23 (1942): 146–76.
Schmideberg, Walter. "The Treatment of Panic." *Life and Letters To-Day* 23, no. 7 (1939): 162–69.
Schneider, Peter. *The German Comedy: Science of Life after the Wall*. London: I. B. Tauris, 1992.
Schweitzer, Pam, ed. *Goodnight Children Everywhere: Memories of Evacuation in World War II*. [London]: Age Exchange Theatre Trust, 1990.
Scott, Sir Harold. *Your Obedient Servant*. London: Andre Deutsch, 1959.
Sewell, Brian. *Outsider: Always Almost, Never Quite: An Autobiography*. London: Quartet, 2012.
Shaffer, Mary Ann, and Annie Barrows. *The Guernsey Literary and Potato Peel Pie Society*. London: Bloomsbury, 2009.
Sheial, John. "Wartime Rodent-Control in England and Wales." In *The Front Line of Freedom: British Farming in the Second World War*, edited by Brian Short, Charles Watkins, and John Martin. Exeter: British Agricultural History Society, 2006.
Sherley, A. F. *Sherley's Dog Book*. London: A. F. Sherley, 1930.
Shirer, William L. *Berlin Diary: The Journal of a Foreign Correspondent*. Abingdon: Taylor and Francis, 2002.
Smail, Daniel Lord. *On Deep History and the Brain*. Berkeley: University of California Press, 2008.
Smith, Carmen. *The Blue Cross at War*. Burford: Blue Cross, 1990.
Smith, Horace. *A Horseman through Six Reigns: Reminiscences of a Royal Riding Master*. London: Odhams, 1955.
Smith, Malcolm. *Britain and 1940: History, Myth and Popular Memory*. London: Routledge, 2000.
Sokoloff, Sally. "The Home Front in the Second World War and Local History." *Local Historian* 32, no.1 (February 2002): 22–40.
Spender, Stephen. *World within World*. London: Faber, 1977.
Spillane, J. P. "A Survey of the Literature of Neuroses in War." In *The Neuroses in War*, edited by Emanuel Miller, 1–32. London: Macmillan, 1940.
Stallwood, Kim. *Growl*. New York: Lantern, 2014.
Stansky, Peter. *First Day of the Blitz*. New Haven: Yale University Press, 2007.
Steedman, Carolyn. *Dust*. Manchester: Manchester University Press, 2001.
Stonebridge, Lyndsey. "Anxiety at a Time of Crisis." *History Workshop Journal* 45 (Spring 1998): 171–81.

Swarbrick, Nancy. *Creature Comforts: New Zealanders and Their Pets.* Dunedin: Otago University Press, 2013.
Swart, Sandra. "Horses in the South African War c.1899–1902." *Society and Animals Journal of Human-Animal Studies* 18 (2010): 348–66.
———. *Riding High: Horses, Humans and History in South Africa.* Johannesburg: Witwatersrand University Press, 2010.
The Tail-Waggers Club. *The Tail-Waggers Club.* London: The Tail-Waggers Club, [1931?].
———. *A Dog Owner's Guide.* London: The Tail-Waggers Club, [1931?].
———. *On to the Million.* London: The Tail-Waggers Club, [1931?].
Tansey, Elizabeth. "Protection against Dog Distemper and Dogs Protection Bills: The Medical Research Council and Anti-Vivisectionist Protest 1911–1933." *Medical History* 38 (1994): 1–26.
Taylor, Nik. *Humans, Animals, and Society: An Introduction to Human-Animal Studies.* New York: Lantern, 2013.
Tennyson Jesse, F., and H. M. Harwood. *London Front: Letters Written to America, August 1939–July 1940.* London: Constable, 1940.
Thomas, Donald. *An Underworld at War: Spivs, Deserters, Racketeers and Civilians in the Second World War.* London: John Murray, 2003.
Thompson, Edward P. *The Making of the English Working-Class.* 2nd ed. Harmondsworth: Penguin,1980.
Thompson, F. M. L. *Victorian England: The Horse-Drawn Society.* Inaugural lecture, Bedford College, University of London, 1970.
Thomson, Mathew. *Psychological Subjects: Identity, Culture and Health in Twentieth-Century Britain.* Oxford: Oxford University Press, 2006.
Thornton, David William. *Hastings: A Living History.* Hastings: Hastings, 1987.
Tichelar, Michael. "Putting Animals into Politics: The Labour Party and Hunting in the First Half of the Twentieth Century." *Rural History* 17, no. 2 (2006): 213–34.
Tindol, Robert. "The Best Friend of the Murderers: Guard Dogs and the Nazi Holocaust." In *Animals and War*, edited by Ryan Hediger,105–22. Leiden: Brill, 2013.
Titmuss, Richard. *Problems of Social Policy.* London: HMSO, 1950.
Townsend, Peter. *The Family Life of Old People: An Inquiry in East London.* London: Routledge & Kegan Paul, 1957.
Trotter, Wilfred. "Panic and Its Consequences." In *The Collected Papers of Wilfred Trotter*, edited by Wilfred Trotter, 191–94. Oxford: Oxford University Press, 1941.
Turner, Ernest Sackville. *All Heaven in a Rage.* Fontwell: Centaur Press, 1992.
———. *The Phoney War on the Home Front.* London: Michael Joseph, 1961.
Vale, George. *Bethnal Green's Ordeal 1939–1945.* London: Borough of Bethnal Green Council, 1945.
Ward-Jackson, Philip. *Public Sculpture of Historic Westminster.* Vol. 1. Liverpool: Liverpool University Press, 2011.
Webb, Beatrice. *The Diaries of Beatrice Webb.* Edited by Norman Mackenzie and Jeanne Mackenzie. London: Virago, 2000.
Westall, Robert. *Children of the Blitz: Memories of Wartime Childhood.* London: Macmillan, 1995.
Wilbert, Chris. "What Is Doing the Killing? Animal Attacks, Man-Eaters, and Shifting Boundaries and Flows of Human-Animal Relations." In *Killing Animals*, Animal Studies Group, 30–49. Chicago: University of Illinois Press, 2006.
Williams, Mrs. Leslie. *Sidney Appleton's Handbooks for Animal Owners: The Cat: Its Care and Management.* London: Sidney Appleton, 1907.

参考文献

Williams, Shirley. *Climbing the Bookshelves: The Autobiography.* London: Virago, 2009.
Wilson, David. "Racial Prejudice and the Performing Animals Controversy in Early Twentieth-Century Britain." *Society and Animals* 17, no. 2 (2009):149–65.
Wolfe, Cary. *What Is Posthumanism?* Minneapolis: University of Minnesota Press, 2010.
Woods, Abigail. "The Farm as Clinic: Veterinary Expertise and the Transformation of Dairy Farming, 1930–1950." *Studies in History and Philosophy of Biological and Biomedical Sciences* 38 (2007): 462–87.
Woolf, Virginia. *The Diary of Virginia Woolf.* Vol. 5, *1936–41.* Edited by Anne Olivier Bell, assisted by Andrew McNeillie. Harmondsworth: Penguin, 1984.
Woon, Basil. *Hell Came to London.* London: Peter Davies, 1941.
Ziegler, Philip. *London at War 1939–1945.* London: Sinclair-Stevenson, 1995.
Zuckerman, Solly. *From Apes to Warlords: The Autobiography (1904–1946).* London: Hamilton, 1978.

档 案

Battersea Dogs and Cats Home, London
BBC Sound Archives, Caversham, Reading
Bishopsgate Institute, London
Blue Cross Archives, Burford, Oxfordshire: Ethel Bilbrough, diary
Cats Protection League (now Cats Protection)
Imperial War Museum Archives
London Borough of Camden Archives
London Borough of Havering Archives (covering the former Wanstead and Woodford Borough Council)
London Borough of Tower Hamlets Archives
Mass Observation Archive, University of Sussex
The National Archives, Kew
National Canine Defence League
Royal College of Veterinary Surgeons, London
RSPCA Hillingdon
RSPCA National Archive, Horsham
WW2 People's War. An archive of World War Two memories—written by the public, gathered by the BBC: http://www.bbc.co.uk/history/ww2peopleswar/